# 最高のチームに変わる「仕組み」のつくり方

石田 淳

行動科学的リーダーシップ

Team Building Tips and the ways to change Your team

*Jun Ishida*

実業之日本社

はじめに

# 「仕組み」で「行動」を変える

**部下が喜んで仕事をする職場へ**

●望ましい行動が測定、評価される
●具体的な行動を表した言葉が使われる
●無駄なことをやめる
●簡単なコミュニケーションで信頼関係ができている

これが、「仕組み」のある理想的な環境といえる。
こうした条件が整った結果、部下は自発的に、望ましい行動を繰り返す。

つまり「自ら喜んで仕事をする」ようになるのだ。

さらにその結果として、自身のベストなポテンシャルを引き出し、成果を出すようになる。

これこそが行動科学マネジメントの目指す理想の状態だ。

仕組みの導入は「部下を思い通りにコントロールする」「行動の一つひとつを管理する」と、解釈されがちだが、そんなことはない。

目的はあくまでも成果を出すことにあり、部下が喜んで自発的に仕事をしてこそ、成果は出るのだ。

部下を「自分の思い通りに動く人間」にしようとするようなこととは、真逆なのだ。

「目標管理シート」や「面談シート」にしても、部下との会話（ヒアリング）を通じて、相手の「ありたい姿」を明確にし、自発性を引き出すという目的がある。

相手（部下）にとっては、「考え方をあらためる」とか「性格を正す」といった「自分を変える」必要はない。変えるのは、「行動」のみだ。

このことは、もちろんすべての職種に当てはまる。

**リーダー、マネジャーに任命されたからといって、わざわざ部下に好かれようとする必要もない。腹を割って話す必要も、「人格者」になる必要なんてまるでない。**中身は今までの自分のままで、毎日の行動を変えるだけ。

マネジメントする相手へも、内面にアプローチする必要はない。「やる気を出させよう」と思案したり、「あいつは根性がない……」と嘆く必要もないのだ。

「仕組み」を導入することを、ネガティブに捉えることはない。相手の内面にアプローチしないということは、逆にいえば相手の内面を尊重しているということだろう。

「できない人」を「できる人」に変えるには、人間性や個性ではなく、あくまでも「行動を変えさせる」だけなのだ。

相手の内面にアプローチせずに、部下をどう変えるべきか？

部下にどうなってもらうことが望ましいのか？

それは「自発的に仕事をする人材」になってもらうことだ。

自発的に仕事をする人材を、専門的には「行動自発率の高い人材」という。

## ■理想の「仕組み」

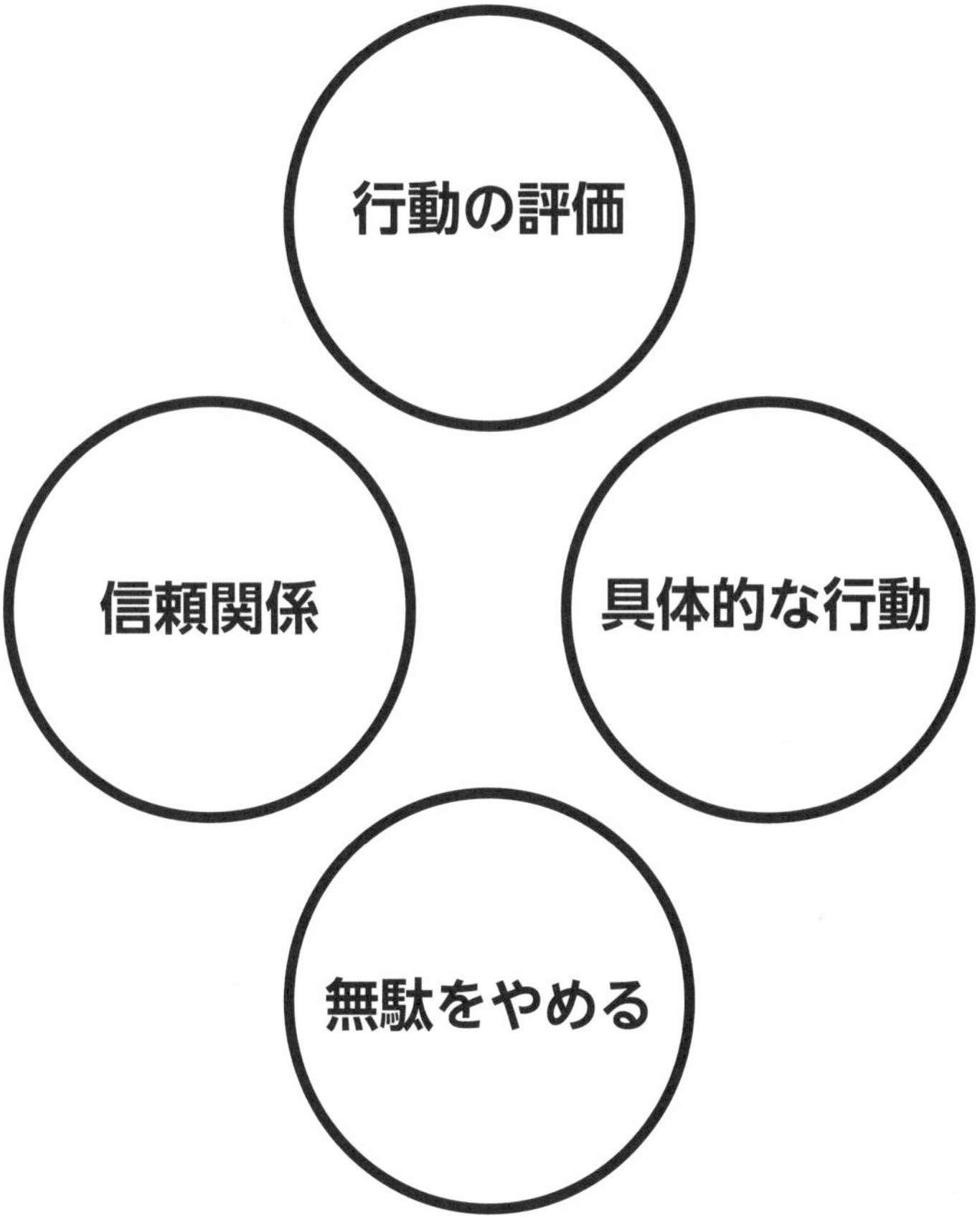

行動自発率が仕事の生産性アップと密接な関係であることは、行動科学の研究でも明らかにされている。

仕事を「やらされている、やらなければならない（have to）こと」と捉える人は、行動の立ち上がりも遅く、パフォーマンスも最低限の要求をかろうじてクリアする程度だ。

しかし、仕事を「やりたい（want to）からやっていること」と捉える人は、行動の立ち上がりも早く、自ずと生産性も高くなる。

「やりたいこと」であるから、自分でものを考え、自ら結果に結びつく行動を取る。実際に成果を出し続けて会社の業績をアップさせる。

本書で提唱する「最高のチーム」とは、チームメンバー全員が、自発的に結果に結びつく望ましい行動を繰り返すようになる組織のことである。いかに部下の行動を変え、チームとして結果を出していくべきか、行動科学を使った「仕組み」づくりのエッセンスについてお伝えしていこう。

最高のチームに変わる「仕組み」のつくり方
目次

## 第二章　思考を変える
### ――今までの「成功体験」を捨てる

# 第三章　仕事を捨てる

## ――結果につながる行動の見つけ方

# 第四章　人を育てない

## ――「仕組み」で人を動かす

# 第五章　「仕組み」でチームが変わる

## ——求められる「新しいリーダー」のあり方

装幀　長坂勇司
ＤＴＰ　株式会社ラッシュ
イラスト　丸口洋平
校正　原宿春夏

# 第一章

# 「認知のゆがみ」が会社を滅ぼす

## ――ある日突然、人がいなくなる

# 社内の温度差に気づいているか

## 広がる価値感の格差

「もっと仕事ができるようになりたい！」

「もっと稼ぎたい！」

「もっと出世したい！」


ビジネスパーソンたるもの、そう考えるのは当然のこと、といいたいところだが、昨今、そう考える人は、特別な人だ。

「普通に生活できれば別にいい」

「問題なく仕事をやれていればいい」

多くの人が、今はこう考えている。

リーダー、マネジャーが何よりも肝に銘じておかなければならないのは、まずはこの事実だろう。


ご存じの人も多いと思うが、組織論では、「2：6：2の法則」という言葉がある。ハイパフォーマー、つまり優秀な社員は全体の2割ほどで、残りは「その他大勢」の普通の社員。いわゆるミドルパフォーマー、あるいはローパフォーマーであるという考え方だ。


この上位2割がチームや組織においてリーダー、マネジャーというポジションについているケースが多いだろう。

「もっと仕事ができるようになりたい！」「もっと稼ぎたい！」という上昇志向を持つ社員は、この上位2割だけ。その他大勢の社員は、今のまま安泰にやっていければいいとしか考えていないものだ。

ましてや「自分の時間」にこそ価値を感じる若い世代では、この傾向はますます顕《けん》著《ちょ》であり、上昇志向の持ち主は2割もいないかもしれない。

高度経済成長下のかつての日本では、誰もが働けば働くほどお金を稼ぐことができた。

営業に精を出せばモノが売れ、そのことに対する達成感も持てただろう。言い方は悪いが、「数を打てば当たる」。誰かが必ずモノを買ってくれた。

年功序列、終身雇用制度が定着し、会社に尽くすことこそが、自分の、そして家族の未来を明るいものにしたのだ。

しかし、今は違う。

がんばって会社にしがみついていたところで、成功はたかが知れている。

各業界は、人口が減った日本という小さなマーケットの中でパイを奪い合っているから、がんばっても、数を打っても、モノは売れない。

若い世代はそんな空気感の中で育ってきている。「がんばって、どうなるの？」と感じてしまうのも、仕方のないことなのかもしれない。

■ 2：6：2の法則

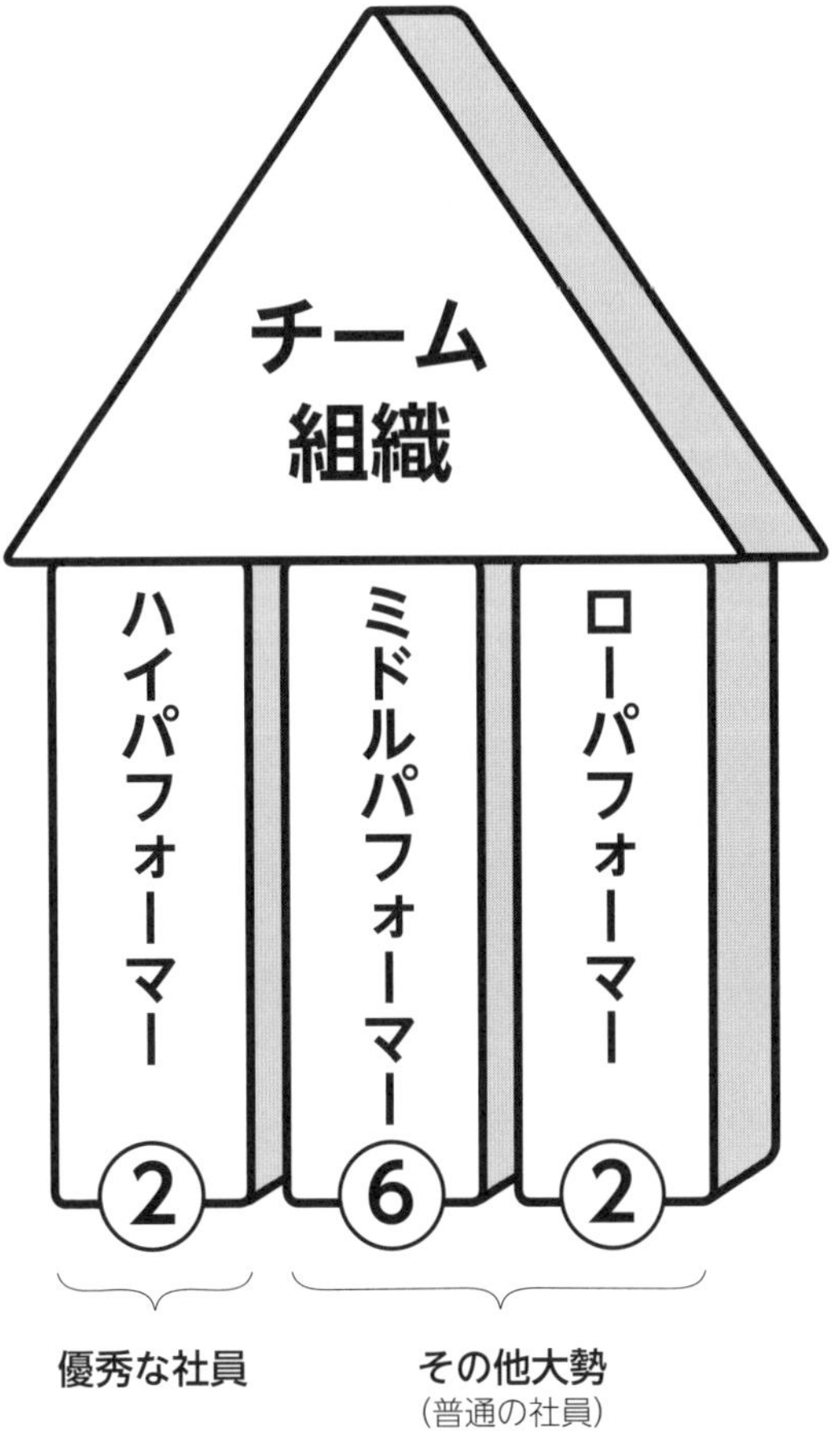

とはいえ、多くの人が貧しくて困っているかといえば、そんなことはない。今の日本は「モノが溢《あふ》れている」のだ。コンビニに行けば、そこそこおいしいモノが手軽に、安く手に入る。洋服をファストファッションでそろえても、それなりにおしゃれで安上がりだ。マイホームの夢など多くの人は持っていないし、クルマにも執着しない。

だから、会社に「もっと大きな稼ぎ」や「給料アップ」などは求めない。

**何が欲しいかといえば、一番は「時間」だ。**

遅くまで会社に残って仕事をして成果を挙げることよりも、早く帰ってゲームをしたい。冗談のようだが、現場の声を聞いてみると、実際に多くが同じように考えている。

古い価値観に縛られたままの人、あるいは「2：6：2の法則」のハイパフォーマーたちは、残り8割にあたる「その他大勢」の社員の思考がわからない。

**「認知のゆがみ」とは、まさにこのことである。**

「普通に生活できればいいです」

「早く帰ってゲームをやりたいです」

「出世すると、自分の時間がなくなりそう」

そう考える人たちに対して「もっと仕事をすれば、お金が稼げるぞ。だからもっとがんばれ！」などと言っても、思考がかみ合うことなどないのだ。

こうして本を手にしていただいているあなたは、きっと勉強熱心な方だろう。「もっと仕事でうまくいきたい」と願って、さまざまな努力をしているかもしれない。

しかし忘れてはならないのは、その思いは、他の社員、あなたの想像以上に大勢の社員にはまったく当てはまらないということ。

もしあなたがリーダー、マネジャー的な立場で「会社やチームの業績が上がらない」、「組織としてうまく機能していない」と悩んでいるのなら、まずは自分の「認知のゆがみ」に気づくことからはじめてほしい。

# 「自分で考えろ」は最悪の言葉

## 共通認識がないことが当然

「石田先生、最近の若い社員は本当に困ったものですよ」

「どうしたんですか？」

「お客さん相手に雑談ができないんですよ」

先日、ある一部上場企業の大手メーカーのマネジャー研修後の懇親会で出た話題だ。

営業担当の20代の男性社員が、お客さんに対面するといきなり「商品説明」をはじめてしまうというのだ。

「コミュニケーションもあったものじゃない、意味がわからないですよ」

「相手はその社員より30歳以上も年上の方です。いきなり商品の説明をはじめるなんて、失礼ですよね」

40代のマネジャーは、そういって嘆《なげ》いていた。


相手と会話してコミュニケーションを図る。

業種・業態を問わず、ビジネスにおいては、違う世代の人と「ちょっとした会話」でコミュニケーションを図ることは、誰もが意識せずに行なっていることだろう。

たしかに「雑談」で相手との距離を縮めることは、有効なビジネススキルだ。雑談をテーマにしたビジネス書は毎年安定してよく売れ、中には大ベストセラーとなるものもある。

「うまく雑談ができるようになりたい」というニーズは、いつの時代でもビジネスの現場にあるのだ。


しかし、今の20代の社員からすれば……。

「自分の親よりも上の世代の人と、気軽に雑談なんかできないでしょう」

「そもそも、雑談って、何を話せばいいんですか？」

彼らにとっては、「雑談もできないのか？」と嘆く上司の言い分のほうが「意味がわからない」のだろう。


これもまた「認知のゆがみ」だ。

上司は「雑談はビジネスにおいて大事」という認識がある。しかし若い世代は「何を話していいかわからない」と思っている。これではいつまでたっても平行線をたどるばかりで、部下は何の成長もできない。

では仮に上司が部下に対し、自身の経験則をもとに「雑談の重要性」を説いたとしよう。部下も上司の考えを理解した。

そしてその後は、どうするか？

「でも、お客さんが話を聞いてくれないんですよ」

「どんなタイミングで雑談をすればいいんですか？」

「どういう話題がいいのかよくわからないんです」

若い部下からそう質問されたら？

「まずは自分で考えてみなよ」

そう答える上司もいるだろう。

しかし、それは最もＮＧな言葉だ。

「自分の頭で考えるべき」

という言葉を常識、あるいは美徳と考え、相手にも強いること。それもまた、「認知のゆがみ」だ。

ちょっと考えてみよう。義務教育では、子どもの自主性を尊重した学習法での教育が実施されている。これは逆に学習塾や習い事など、学校外で「ものを教わる機会」を以前より多く創出している。

「学校では自主性、個性を尊重した教育。そのかわりスキルは塾や習い事でしっかり習得」。簡単に言ってしまえば、「ものを教わること」に恵まれて育っているのだ。

そんな教育を受けてきた人に対して「自分で考えろ」と言い放つことは、彼らにしてみれば、拒絶されたも同然だろう。

つまり常識や美徳などの個人の感性は、世代や育った環境によってまったく違うということだ。それを共通認識のように相手に伝えたところで、うまくいくはずがない。

「考えろ」と言って考えさせるだけでは、人は育たない。

一概に「考える」といっても、考え方、考えるべきことは、多種多様であるはずだ。

「どう考えればいいのか?」

「何を考えればいいのか?」

本来教えるべきは、そこからなのだ。

だからといって「育たなければ仕方がない」「自分の頭で考えられないようなやつは、どうせ使えないやつだから、いらない」などと言っていられる時代ではない。なぜなら、今、そして将来にわたってあらゆる企業は人材不足に直面するからだ。

**「使えない」(と思われる)人間を使えるようにすることこそが、現場で部下を管理するリーダー、マネジャーの仕事だ。**

「雑談ができない部下」がいたならば、「雑談のできる部下」へと変えていく。

「お客様が何に興味を持っているのかを探り、その話題を調べる」「何も話すことがないならば、まずは天気の話をする」など、オーソドックスなことだが、「具体的なやり方」を教えなければならないのだ。

とはいえ、間違えてはいけないのは、こういったケースでも、あくまでもそのスキルが「結果に結びつくもの」と気づかせる必要がある。

たとえばお客様と雑談をすることが、「信頼関係を築き、成約を取る」＝「結果」につながるということがデータとしてはっきりわかっていなければ、部下への教育は無駄なこと。それこそ「無理強い」にしかならない。

**この「結果に結びつく」行動を見極め、具体的な指示を部下とコミュニケーションを取りながら伝えていくことは、リーダー、マネジャーの重要な仕事なのである。**

# 生き残るのは「残業ゼロ」企業だけ

## すべての企業が直面する危機

私は現在、企業向けに人の行動を科学的に研究した「行動分析学」をもとにした「行動科学マネジメント」のコンサルティング会社や小・中高生向けの教育関係の会社など、３つの会社を経営している。

そして、そのすべての会社で「残業ゼロ」を実現させている。

たとえば教育関係の会社は、社員は15時に出社して22時ですべての業務を終える７時間労働。土日は完全に休みで、有給休暇も必ず取らせる。今後は段階的に週休３日制を導入することも検討中だ。

では、実働時間が少なくなったことによって会社の売上が減少したか。つまりビジネス規模が小さくなってしまったかといえば、そんなことはない。

会社の売り上げは下がることなく、スタッフは休日を自由に過ごしつつ、普段は仕事に集中している。

教育関係の業界で代表的な学習塾という業種は、一般的にはかなり重労働のイメージが強い。残業、休日出勤は当たり前。それこそ「ブラック」に近い印象を持つ人も少なくないはずだ。そんなネガティブイメージの影響から今、多くの学習塾が「人材不足」というシビアな問題に直面している。

そんな中、私の経営する教育関係の会社は、残業ゼロ、完全週休2日制を徹底させているうえに、離職率もほぼゼロであり、新卒採用にも苦労したことがない。経営者として、実にありがたいことだ。

なぜ私たちがこのような取り組みをしているのか？

答えは簡単だ。

**そうしなければ、会社が存続できないと、はっきりわかっているからだ。**

社員の私生活を尊重する、あくせく働かせたくない。そういった理念以前の、もっと切実な問題＝「会社を存続させる」「これからの時代に生き残っていく」ための、残業ゼロなのである。

もちろんこれは、学習塾という業種に限った話ではない、**すべての企業が直面している極めて危機的な問題なのである。**

「残業ゼロにしなければ、企業は生き残ることができない」。その理由はずばり、「そうしなければ、働き手がすぐに辞めてしまうから」だ。

先日、ファミリーレストランを運営するロイヤルホールディングスが、元旦を含む計3日間の休業日を導入すると発表した。ファミリーレストランが休業日を導入するのは、ほとんど前例のない中での決断だったという。

従業員の働きやすい職場にすることで、お客様の満足度向上を高めていこうという経営者の判断だ。

このように、従業員の職場環境を整えて、働き手を確保する企業の動きが増えている。

特に若い働き手が辞めてしまうということは、次世代のリーダーが育たない、ということだ。リーダーのいない組織が存続できないのは、当然のことだろう。

残業ゼロ、すなわち「自分の時間」を持つ、ということができなければ、今の人はすぐに会社を辞めてしまう。「残業が当たり前」という会社には、人は入ってこない。これは明白な現実だ。

# 報酬は「お金」より自分の「時間」

## 「出世」を求めない社員

公益財団法人・日本生産性本部の「2016年度　新入社員　秋の意識調査」（2017年3月発表）によれば、「残業が少なく、平日でも自分の時間を持て、趣味などに時間が使える職場が良い」という回答が、過去最高の86・3％だったという。

今40代以上のビジネスパーソンが新入社員の時代には、こんな回答をする人は少なかったのではないだろうか。しかし、これが今の現実なのである。

「昇級なんか望まない。もっと自分の時間が欲しい」

つまり、「お金」や「地位」よりも「時間」。若い世代はそう考えている。

「ウチの若い社員は、誰もが出世したがらないんですよね。どうしたらいいんでしょう？」

経営者からこんな相談を受けることがよくある。冗談のようだが、本当の話だ。

実は私自身も、経営する教育関係の会社の若手社員全員に、ざっくばらんにこう聞いたことがある。

「業績を上げられたとしたら、（報酬として）お金と時間、どっちが欲しい？」

答えは、全員が「時間」だった。

現代の若い世代にとっては、会社外の自分の時間こそが一番大事なもの。金銭欲や物欲などは、二の次、三の次なのだ。

モノがあふれる今の時代に「もっと仕事をがんばれば、好きなモノが手に入るぞ」と言ったところで、なんの説得力もない。働くことの動機付けにはならないのである。

「どんな報酬のために働くのか？」という動機付けに関して、私は数年前、行動科学マネジメントの観点から「**トータルリワード**」という考え方を紹介した。

簡単に説明すれば、トータルリワードとは、**金銭や地位、会社の福利厚生だけでは**

**得ることのできないさまざまな「報われ感」も報酬（心の報酬）として考えるというもので、**成果主義の反省を踏まえてアメリカの多くの大企業で重視されたものだ。

金銭や地位以外の報われ感としては、たとえば「社員を仕事のパートナーとして認める感謝」や「成長の機会をつくる」、「勤務形態にフレキシブルに対応し、社員の私生活を尊重する」などというものがある。

これらも働き手にとっては立派な「報酬」となり得るのだ。働き手それぞれの価値観＝何を欲しているかを見極め、適切な報酬を与えなければならないというのが、トータルリワードの考え方だ。「お金や地位さえ与えていれば社員は喜ぶ」という考え方は捨てなければならない。

たとえば「感謝」を欲する社員に対して報酬を与える際のテクニックのひとつとして、「サンキューカード」がある。難しいことではない。相手が会社の成果につながる望ましい行動をした際に、〝ありがとう〟の気持ちを書いたカードを渡す、というものだ。

「手書きのカードを渡すなんて、会社は遊びの場じゃない」

## ■2016年度 新入社員 秋の意識調査

**設問1** 残業が少なく、平日でも自分の時間を持て、趣味などに時間が使える職場が良い

**過去最高 86.3%** (前年比 +5.2 ポイント)

**設問2** 条件のよい会社があればさっさと移るほうが得である

**過去最高 54.6%** (前年比 +6.2 ポイント)

**設問3** 子供が生まれたときには、育休を取得したい

**過去最高 84.1%** (前年比 +4.0 ポイント)

**設問4** 自分には仕事を通じてかなえたい「夢」がある

**過去最低 37.8%** (前年比 -5.3 ポイント)

**設問5** 会社の親睦行事には参加したい

**過去最低 61.5%** (前年比 -6.5 ポイント)

公益財団法人・日本生産性本部HP掲載データを参照して作成

## ■サンキューカード

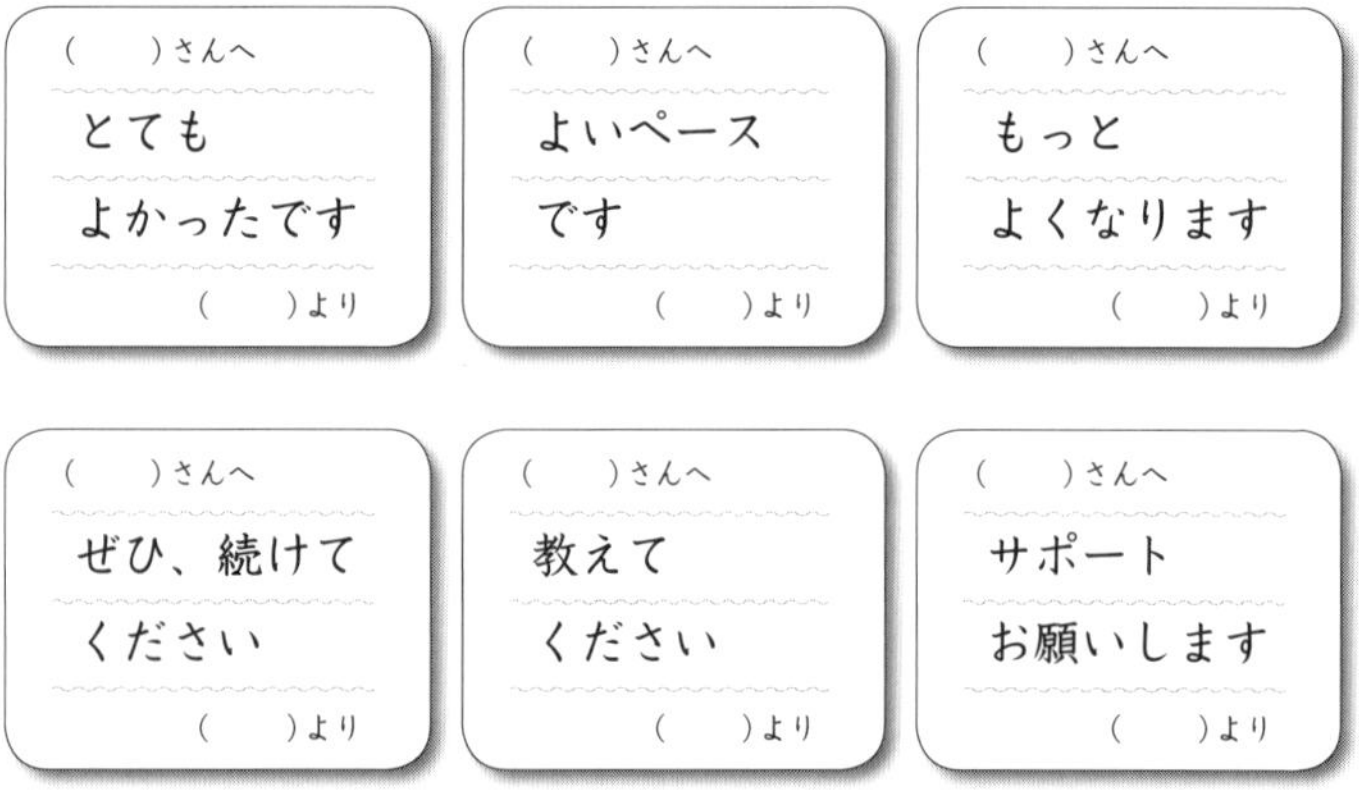


「そんなことで社員が喜ぶわけがないだろう」

トータルリワードを紹介した当時には、そういった声も多く聞かれた。

しかし今、若い世代の大多数が欲しているのが「自分の時間」で、それが紛れもない事実として統計データにも表れているのだ。「誰もがお金と地位を欲している」わけではない。それを仕組みとして考えていかなければならないのが、現代社会だ。

# 「働き方改革」の目的は企業のグローバル化

## 世界に通用する働き方とは？

「残業ゼロ」の必要性を、ちょっと角度を変えて考えてみよう。

２０１６年、第３次安倍内閣が、経済対策の一環として、長時間労働や残業といったこれまでの日本の慣習的な働き方を是正する「働き方改革」を閣議決定した。

具体的には、残業時間の上限を設定するなど、労働基準法を改正。また、障害や難病のある人にも、それぞれのニーズに合った就労の機会を創出しようと、第４次安倍内閣でも、さまざまな法整備が進められている。

なぜ今、「働き方改革」が必要なのか？　もっとも大きな背景は、少子高齢化に伴う「労働人口の減少」だ。

現在の日本が「少子高齢化時代」であることは、誰もが知るところだ。

**2030年には、日本の人口の3分の1は65歳以上になるという。**残念ながらこれはデータに裏付けられた事実であり、もうこの流れを食い止め、改善させることは不可能だ。

「子どもが増えれば、将来の働き手も増えるじゃないか」

そう考えるのは簡単だが、今の時代に「子どもを増やそう」とは簡単には言えないだろう。

多くの会社で見られる長時間労働は、出生率低下の大きな要因となっている。そのうえ、ここ数年の「待機児童問題」でも明らかにされたように、この国での仕事と子育ての両立は非常に難しい。

子どもを持てない理由としては、正規・非正規雇用の問題もある。平成に入って増えはじめた非正規雇用者（非正社員）の割合は、2016年に37・5％にのぼった。

## ■日本の総人口と高齢化率の推移

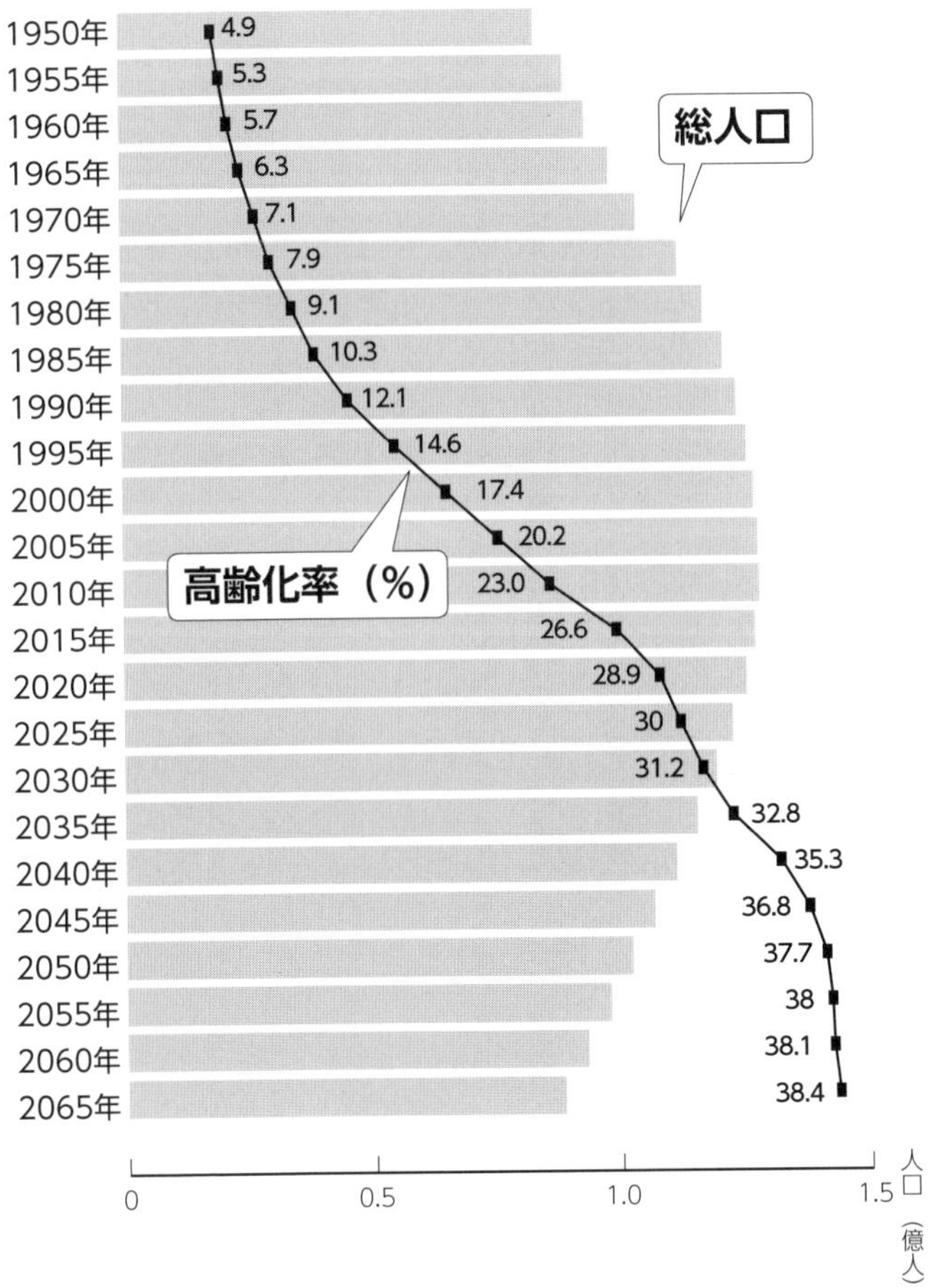


国立社会保障・人口問題研究所 HP 掲載データを参照して作成

今の日本では、安い賃金で長時間働かなければ生活できず、子どもができたら、その生活さえが難しくなるケースがあまりにも身近にある。これでは身もフタもない。

若い世代が家庭を持つことや、子どもを産んで育てていくことに対して希望を持てないのも、仕方がないことだ。

「だから今、誰もが活躍できるように働き方を見直そう」

「長時間労働を是正して、残業ゼロを目指そう」

「安心して子育てのできる社会にしよう」

それが政府の言い分だ。

しかし、政府の目論見《もくろみ》はそれだけではない、と私は考えている。


複合レジャー施設を運営するラウンドワンが、米国で出店攻勢をかけているという記事を見かけた。

日本では人口減と都市部の地価の値上がりで、厳しい状況のようだが、米国での2017年度の出店は4つ目で、年内にさらに3店舗の出店を予定し、22店舗にする。

また、2018年度以降も年10店舗以上のペースで増やし、2025年度頃には、日本と並ぶ店舗数を予定しているという。

**「日本にもっと多くのグローバル企業をつくっていく」**

**ずばり、このことが働き方改革の本当の目的でもある。**

これもまた周知の事実だが、日本はとてつもない「借金」を背負っている、借金大国だ。

財務省の発表では、2017年3月時点で、国債発行残高＝日本の借金が1071兆円になっているという。

単純に考えれば、乳幼児も含めた国民一人あたりがおよそ850万円の借金を抱えていて、それをみんなで返していかなければならないというわけだ。

どうやって返していくか？　それは「納税」だ。

消費税のアップや新税導入など、国は増税を行なって、何とか「借金返済」を進めようとしている。

しかし、これにも限界がある。

なぜなら、人口そのものが減っているからだ。

税金を取ろうにも、その対象者がどんどん少なくなっているので、税収も減っていくのである。


**そこで考えなければならないのが、日本以外の国でお金を稼いでくるということだ。**

そう、グローバル企業を増やし、海外相手のビジネスで成功してもらうことを日本政府は期待しているのである。


**そのためには、仕事の標準化が必要だ。かつての日本のような「長時間労働が美徳」「残業は当たり前」という働き方は、海外の働き手には通用しないだろう。**

だから今、新しい働き方の定着＝働き方改革が必要とされているのである。

## ■日本企業による主な海外の大型買収

| 発表年 | 買収企業 | 買収先 | 業種 | 買収価格 |
| --- | --- | --- | --- | --- |
| 1990年 | 松下電器産業 | MCA | 米映画 | 約7800億円 |
| 2000年 | NTTドコモ | AT&T ワイヤレス | 米通信会社 | 約1兆800億円 |
| 2006年 | ソフトバンク | ボーダフォン日本法人 | 英携帯 | 約1兆7500億円 |
| | JT | ギャラハー | 英たばこ | 約2兆2500億円 |
| 2008年 | 三菱UFJフィナンシャル・グループ | モルガン・スタンレー | 米金融 | 約9200億円 |
| 2011年 | 武田薬品工業 | ナイコメッド | スイス製薬 | 約1兆1200億円 |
| 2012年 | ソフトバンク | スプリント・ネクステル | 米携帯 | 約1兆5700億円 |
| 2014年 | サントリーHD | ビーム | 米蒸留酒 | 約1兆7000億円 |
| | 第一生命保険 | プロテクティブ | 米生保 | 約5800億円 |
| 2015年 | 東京海上HD | HCCインシュアランスHD | 米損保 | 約9400億円 |
| 2016年 | ソフトバンクグループ | ARM(アーム)HD | 英半導体設計 | 約3兆3000億円 |

買収価格は発表時の金額

# 仕事の「標準化」が企業を救う

## 仕事に人をつける発想

スターバックス、マクドナルドなどの米国企業では、仕事の標準化が当たり前のように仕組みとして構築されている。誰が、どこで働いても、同じ働き方ができるようになっているわけだ。

だからこれらの企業は、広く海外展開ができる。どこの国に進出しても、現地の働き手が困ることはない。

では日本の企業はどうかというと、残念ながら仕事の標準化ができているのは、一部の企業に限られるだろう。

とくに、米国と反対に、飲食業界などはほぼうまくいっていない。これまでに多くの飲食チェーンが、海外に進出しては撤退という「負け戦」を強いられてきたが、それは仕事の標準化がされていなかったことも大きな理由だろう。

一方、同じアジアの企業でも、飲食業界で海外進出に成功している企業はある。小籠包が有名な台湾のレストラン「ディンタイフォン」などはそのひとつだ。ディンタイフォンは東京にもいくつか店舗があるが、小籠包づくりから接客サービスまで、細かいマニュアルに従って経営されている。

つまり、仕事が標準化されているので、誰がやってもうまくいくようになっているわけだ。

こうした企業は、どんな人を雇っても、有能な働き手にできるから、海外で強い。

**働き方改革による生産性向上、仕事の標準化推進は、日本企業が海外に進出し、グローバル化を推し進めるための布石と考えていいだろう。**

「働き方改革は、税収を求める政府がグローバル企業創出のために進めているもの」

そういう話をすると、

「ウチはとても海外進出するような規模の会社じゃないから、働き方改革なんて関係ない」

そう考える経営者、リーダー、マネジャーもいるかもしれない。

しかし、グローバル化は国内の中小企業にとっても大きな課題だ。

人口減少で働き手が少なくなる。そうなれば、いずれは多くの企業が外国人労働者を受け入れざるを得なくなる。事実、日本で働く外国人の数は100万人を超え、年々増え続けている。また、就職難が続く韓国では、日本での就職を目指す学生に対して、面接支援や研修を国が後押ししている。そんなとき、外国人労働者がスムーズに仕事ができる環境があるだろうか?

そう、海外進出のみならず、国内の小さな企業が国内のみで経営を続けていくためにも「グローバル化」、すなわち仕事の標準化をしておかなければならないのだ。

**標準化とは、簡単にいってしまえば、「人に仕事をつける」のではなく、「仕事に人**

■仕事の標準化

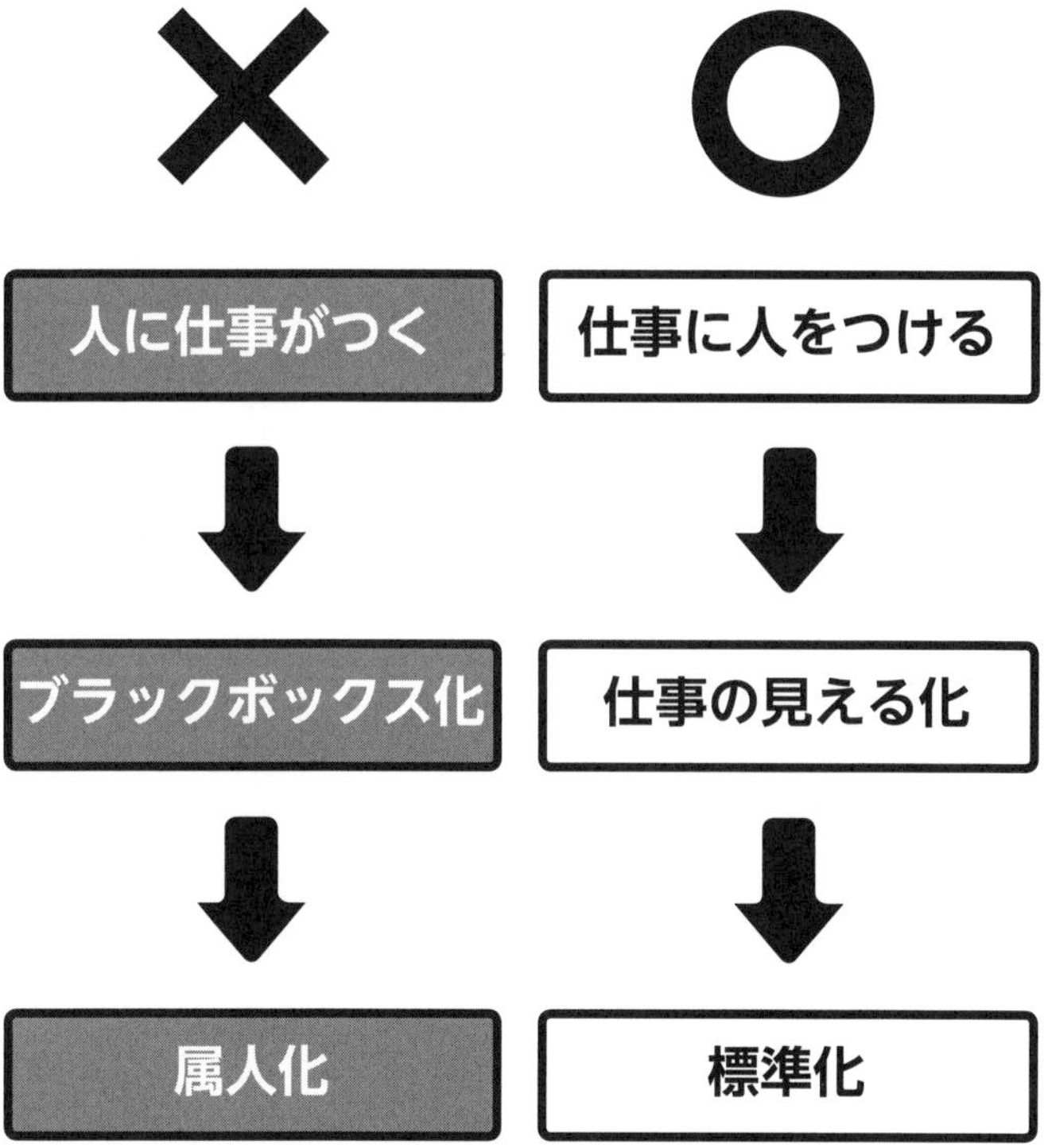

**をつける」という発想だ。**この「人に仕事をつける」スタイルでは、業務のブラックボックス化が進み、その人に頼った状態＝「属人化」が進んでしまう。一方、「仕事に人をつける」ためには、新人でも外国人でも同じ仕事の結果を出せるように、業務の内容を明確にする＝「見える化」されている必要がある。

これまでの日本の企業が行なっていた仕事のスタイルは、完全に「人に仕事をつける」というものだった。

「その人でなければできない仕事」をいくつもつくり、育成にも長い時間をかけていた。そしてその人が辞めてしまったら、そこで仕事は一時ストップというスタイルだ。

しかしこのスタイルは、もう通用しない。何度も繰り返すが、これからは「人がいない」のだ。

「若い働き手が辞めたら、また新しい働き手を探せばいいよ」

「別にわざわざ外国人を雇う必要はないでしょう」

そんなことを言っている場合ではないというのが、現在の、そしてこれからの日本なのだ。

# 若い世代を辞めさせない

## 「優秀な社員」から辞めていく

「らくだ現象」という言葉を聞いたことがあるだろうか。

多くの企業において、30代の社員がおらず、40代以降の社員からまた増えてくるという図式を、らくだのこぶの型になぞらえて言ったものだ。別の言い方では「M字型の組織構造」ともいう。

現実的には、40代後半から60歳前までの人間が管理職となり、その部下は、いきなり20代の若手だけ。不況下において多くの企業が採用を手控え、俗に「就職氷河期」と呼ばれる世代を生み出してしまったしわ寄せが今に来て、実に親子ほどの年の差の部下ばかりという組織になってしまったわけだ。

彼らには、40代後半以上の価値観は通用しないケースが多いのではないだろうか。価値観とは、これまで自分が教わってきたこと、影響を受けてきた「教え」だ。つまり、自分自身の仕事への哲学や信念のことである。

「仕事とはこうあるべきだ」

という自分の考えも、20代の相手にとっては、「そんなこと言われても、時代が違うでしょ？」の一言で片付けられてしまうだろう。

そんな価値感の違いを若い社員が感じる状況が続くと、ある日突然、彼らは会社を辞めてしまうのだ。

しかもここ2〜3年は、辞めていく若い社員は、「優秀な社員」であることが多い。

「ウチの上司は売り上げや利益、クロージング率と、ほとんど〝数字の話〟しかしません。でも、僕は会社の数字を伸ばすためだけに仕事をしているんじゃない。お客様にどれぐらい貢献できたか？　どれぐらい『ありがとう』と言ってもらえたか？　そのために仕事をしています」

「会社の売り上げをアップさせるためだけに、自分の大切な時間を犠牲にするなんて、絶対に嫌です」

これは実際にある大手会社の若手のトップ営業マンが話してくれたことだ。

上司と価値観が合わない。だから会社を辞めよう。

優秀で若い彼らには、選択肢はいくらでもある。

人材を確保するため、多くの企業（とくに大手）は、雇用形態の見直しを考えている。

アルバイト・パートから正社員へのステップアップの制度、非正規雇用でも正社員同様の福利厚生（保険など）の用意などを準備する企業は、多いものだ。

「若い世代は、簡単に辞めてしまう」

残念ながら、これは覚えておかなければならない事実なのだ。

**「若い世代の働き手を辞めさせない」**
**「誰でも仕事ができる仕組みをつくる」**

この2つを**今すぐに、やっておく**ことが、会社の3年後、5年後、10年後に大きく影響してくるだろう。

では、どうすれば若い世代を辞めさせずにやっていけるか？

誰でも仕事ができる＝仕事に人をつけるには、何を行なえばいいのか？

**こうした取り組みを実行するのが、現場リーダー、マネジャー、管理職という、いわば「現場で部下と接する人」**だ。

日本は海外と比べ、マネジャーの重要度、マネジメントへの注力度合いが低いようだが、これからの時代に力量を発揮し、会社の命運を左右するのは、実際に部下を相手にしている現場のリーダーたちである。

現場のリーダーたちの負担は今後ますます増えていく。

そして、求められる現場のリーダーたちの在り方も、かつてとはまるで違うものになっていくだろう。

なぜならば、時代背景も、マネジメントする相手も、今までとは大きく変わってしまったからだ。

# 第二章

# 思考を変える

## ――今までの「成功体験」を捨てる

# 今までの常識はもう通用しない

## **具体的な「行動」を教えているか？**

「今度ウチに入った新卒の女性社員は、事務所にかかってきた電話にまともに出ることができないんです」

そんなことをいう中小企業の経営者がいた。

「会社にかかってきた電話には迅速に出る」

これも従来のビジネス界の「常識」、いや「社会人の常識」とされてきたものの代表だろう。

もちろん、電話に迅速に出ることは、間違ったことではない。

ところが、その女性社員は、電話の応対以前に、電話が鳴ってもそれを取ろうともしない、というのだ。

入社して間もないとはいえ、電話を取って困ることなどない。率先して電話を取ることはむしろほめられることのはずなのに、彼女は入社から数週間電話を取ろうとしないという。

私もこの話を聞いて一瞬「それは大変ですね」と経営者に同情したものの、その理由を考えれば、それも仕方がないことなのかと思い直した。

その若い女性社員は、これまでの人生で電話を取ったことがないのだ。

「家にかかってきた電話に出たことがない」

そういう若い人は、大勢いる。物心ついたときにはすでに携帯電話が普及していて、なかには家に固定電話がなかった人もいるだろう。

そして、自分の携帯にかかってくる電話は、知り合いからのものばかりだ。おかしな言い方だが、「知らない人からの電話」を取ったことがないわけだ。誰からかかってきたかわからない電話は、彼女にとって「恐怖の対象」である。だから電話に出ようとしないのだ。

また、「挨拶をしない新人事務員」という例もあった。

社内で訪問者とすれ違っても、無視。さらには社内の人間に対してでも、知らない相手には絶対に挨拶しないという。

これも「挨拶なんて、常識だろ！」と言われてしまう案件だ。

しかし、新人事務員には「挨拶をしない背景」がある。

子どもの頃から「知らない人には絶対に挨拶をしちゃいけない」と親から言われて育った世代なのだ。

これらは、つくり話のようだが、すべてビジネスの現場で起きている実話だ。

ここであらためて考えてみてほしい。

**リーダーであるあなたは、こんなときに具体的な「行動」を教えているだろうか？**

「自分で考えればわかるだろう」

「常識的にそうだろう」

**そうやって相手に下駄を預けてはいないだろうか。**

今はそれが通用する時代ではない。

「知らない相手からの電話には出ない」「知らない人には挨拶をしてはいけない」

それを常識としている人がいる。

ならば、リーダー、マネジャーの側から能動的に具体的な「行動」を教えるしかない。

「自分の常識にはない」

「だから何をしていいかわからない」

相手がそう思うのであれば、何をすればいいか？　どのようにすればいいか？　どんな順番ですればいいか？　を、具体的な「行動」を教えるしかないのだ。

# 人間性を高める前に行動を教える

## 無意味な挫折経験を与えるな

部下へのマネジメントにおいて、相手の「内面」にアプローチしようとするリーダーやマネジャーがいる。

「仕事ができないのは、やる気がないからだ。だからもっとモチベーションが高くなるように導かなければならない」

「あいつは仕事に対する〝姿勢〟や〝心構え〟がよくない。一度腹を割って話してみなければ」

そう考えて、相手の性格や考え方を変えようとする。

「お前は仕事に対するこだわりが足りないんだ。もっと真剣に考えてみろ」

「優柔不断なところを何とかしないとダメだぞ。もっと決断力を身につけろ」

そのような言葉で説教をしたりするわけだ。


しかし、人の内面である「性格」や「考え方」を変えることは、極めて難しい。

「相手のモチベーションを上げよう」と試み、飲みに連れ出し、腹を割って話してみた。すると翌日、相手は元気な声で挨拶してきた。

これで「モチベーションを上げた」と言えるだろうか？


そんなことはない。「飲みに行って話した」ことと「元気に挨拶してきた」ことに因果関係があるかなどは誰にもわからないし、そもそも「元気に挨拶してきた」ことがすなわち「やる気を出した」ことの指標になるわけでもない。

**客観的な基準がないものは、正確に効果を測定することができないのだ。**

また、「人は〝失敗してこそ〟成長する」という考え方を頑なに信じている上司もいるだろう。

これが間違いかといえば、そうとも言い切れない。失敗から学び、効果的な仕事のやり方を覚えていく人もいるものだ。

ただし、すべての人にこのやり方が通用するわけではない。「失敗してこそ成長する」というのは、あくまでも上司個人の価値観だ。世の中にはいくつもの価値観がある。合う人もいれば、そうではない人もいるのは当然のことだろう。

誰にでも自分と同じように「失敗から学べ」といっても、うまくはいかない。

人前で話すのが苦手な社員に「とにかく当たって砕けろ」とばかりに、いきなり大勢の前でプレゼンテーションをさせたら？

「まずは粘りと根性を身につけろ」と、成約の可能性がまったくない見込み客のところへ、朝から晩まで訪問させたら？

あるいは「自分で考えろ」と突き放したら？

部下にとっては、そんな上司の行動は〝謎〟でしかない。

「なんであえて失敗させるんですか？」

もう傷つきたくないからと、簡単に会社を去ってしまうだろう。


私はハイパフォーマー以外の人たちを仕事ができない人たちだとは思っていない。**とくに今の若い世代を「仕事の能力が低い」世代だとも決して思わない。むしろ極めて「生産性が高い」世代だろう。**小さい時からスマホを使って情報を得る環境で育ってきた世代だ。作業効率もよい。

仕事とプライベートを割り切って考えることができ、無駄なことはしたがらない。だからこそ、「わざわざ挫折経験」を与えるようなマネジメントが意味不明なのだ。その能力を生かしきれていない行動に問題があると思うべきだろう。


さらにいえば、**リーダーやマネジャーの仕事は部下の人間性を高める前に具体的な**

**「行動」を教えなければならない。**ビジネスの現場は、精神的な人間教育の場ではないのだ。

**マネジメントの目的、それは「部下に成果を出させる」ことに尽きる。**そのためには、部下の内面を変えようとしたり、あえて失敗させる前に、「何を、どうやってやればいいいか？」を教えるべきだろう。

# 過去にこだわる余裕はない

## 「ウチのやり方」が口癖になっていないか？

会社が新しい仕組みを取り入れ、時代に合った「行動」を推進させることは、これまで踏襲《とうしゅう》してきた今までの仕事のやり方を捨てる、ということになる。

実はこの作業が、結構厄介なのだ。

日本の、**とくに歴史のある企業は、良くも悪くも過去のものを尊重し、踏襲するという傾向が強い。**

たとえば業務マニュアルの改善を試みても、まったくの「刷新」とまではいけない。

何か不祥事やミスが発生した際に、「じゃあそれについても触れておこう」と、古いものに追加していく。

そうして、どんどん膨れあがり、誰も見ようとはしない「ただ分厚いだけ」のマニュアルが残っていくのだ。

私自身、このような「古いモノや考えを捨てられない」会社は、数多く見てきた。

「ウチは昔からこういうやり方だったんで、急には変えられません」

そんなリーダーは大勢いる。

また、これまでとは違うアプローチで新しいことをはじめようとしても、何を、どうしていいかがわからないという経営者もいる。

「これまでのもので、何を捨てればいいかがわからないので、その作業から一緒にお願いできませんか?」

研修先でそのような相談をされることもしばしばだ。

もちろん、企業のこれまでの歩みには、尊重されるべきものも多く残っているだろう。しかし、時代は今大きく変わっている。人口が減少し、働き方を見直し、生産性を高めることが求められているこの時代に、過去にこだわっている余裕はないはずだ。**やるべきことのみをやり、無駄なことはやらない。つまり「絞り込み」と「捨てる」ことが急務なのだ。**

望ましい結果に結びつかない悪しき習慣、無駄なルール。会社にとって捨てるべきものはいくつもあるだろうが、私が多くの企業を見てきて感じた、**新しいことを始める際にまず最初に捨てなければならないものは、「過去の成功体験」だ。**

「いや、ウチはこれでうまくやってきたのだから、これでいい」

といった、過去に成功したビジネススタイルを盲信している経営者、リーダー、マネジャーたちが大勢いる。

しかし、マーケットが縮小し、働き手の価値観も変わっている今、過去の成功体験にしがみつき、それを頑なに変えない企業は、残念ながらじり貧になっていくだろう。

古いやり方を捨てて新しい仕組みの中で仕事を続けていくことに恐怖を感じる人もいるだろう。

たとえば現在40代、50代、60代のリーダー、マネジャーは、無意識のうちに守りに入っていると感じることもある。

そのような人たちにしてみれば、「今さら新しい自分」にならなければいけないことを恐れているのかも知れないが、**別に「新しい自分」になどなる必要はない。ただ「行動」を変えればいいだけなのだ。**

部下に対する関わり方を仕組み化し、行動する。仕組み化までには手間がかかるとしても、行動することは決して難しいことではない。


「そうはいっても、新しい仕組みを導入するのは会社の判断次第だから」

「現場は経営者の決定に従うだけ」

そう考える現場リーダーやマネジャーもいるかも知れない。

しかし、新しい時代のための新しいマネジメントの仕組みづくりは、現場リーダーやマネジャーにこそ率先してやっていただきたいことだ。

なぜなら、現場で働く人たちにとっては、直属の上司こそが企業の顔だからだ。

**直属の上司が何をやっているか？　何を教えてくれるか？　どんなビジョンを持っているか？　それが、現場の社員が見る「この会社」となるわけだ。**

「トップは悪しき体質を変えようともせず、部下は価値観のまったく違う、扱いづらい人ばかり……」

そう嘆いていたり、「ダメな会社だから」とあきらめているだけではなく、現場から「新しい時代の働き方」のための仕組みづくりを試みるべきだ。

# あなたの行動で結果を出せるか

## プレーヤー目線を捨てる

経験（K）・勘（K）・度胸（D）。

とくに営業組織に顕著だが、古い体質の組織はこの「KKD」を非常に尊重し、愛している。

「ビジネスパーソンたるもの、自身の経験と勘、そしてここ一番の度胸が大事なのだ」

そう頑なに信じている上司たちは、新しい仕組みを毛嫌いする。

「仕組みなんかで人が育つわけがない！　なによりも経験だろ」

「新人は先輩の背中を見て学べ」

そう鼻息を荒くするが、今の若い社員たちからすれば「ちゃんと（仕事のやり方を）教えてくださいよ」「本当はもっと効率化できるんじゃないですか？」というのが本音だろう。

「ＫＫＤ」を重んじる人は、仕事を「属人化」させたがる。つまり、「その人にしかできない仕事」をつくり、「その人がいなければ仕事が回らない」組織をつくってしまう。

いわゆる仕事の「標準化」がなされていない。**そのため、できる人に仕事が集中してしまって生産性が上がらない**。また、もっと現場の仕組みを考えなければいけない、リーダーやマネジャーの業務量が増えて、重要度は高くはないけど、目先のやらなければならない業務に追われてしまう。

これは営業職に限った話ではない。たとえば一般事務職でも、部署によって見積書や受発注書のフォーマットが違うというのはよくある話。明確なルールがなく、各事務職員のやり方に任せているため、その人が会社を辞めてしまったら、仕事が回らなくなってしまう。

生産性アップとはほど遠いスタイルだ。

私の研修先でも、「事務書類の標準化」を図っただけで、残業時間が一気に減った会社がある。


とはいえ、属人化志向の人たちの気持ちも、わからなくはない。

彼らは、プレーヤーとして「自分にしかできない仕事をやろう」「自分の代わりは誰にもできない人になろう」ということを目指してきた。先輩からもそう教えられ、そのような企業風土のなかで育ってきた人は少なくないはずだ。

たしかに、優秀なプレーヤーとなるには、「その他大勢」と同じことをやっていてはだめだ。周りのやり方は気にせず、自分だけの成功スタイルを確立するのが有効だということも、否定できない。

しかし、それはあくまでもプレーヤーの目線での話だ。

**リーダー、マネジャーといった、人を管理する立場の人たちは、プレーヤー目線を一度捨てなければ、会社を存続させることは難しいだろう。**

何より、「優秀なプレーヤー」が「優秀なリーダーやマネジャー」になるとは限らない。

むしろ、かつて優秀なプレーヤーだった人のほうが、部下の扱いが苦手だ。それこそ自身の経験、勘、度胸でやってきたようなプレーヤーは、そのスキルを部下に引き渡すことなどできないだろう。

さらにいえば、今の若い世代が相手にする競合は、ＣＲＭ（Customer Relationship Management）とＳＦＡ（Sales Force Automation）といったマーケティングオートメーションを駆使する企業かもしれない。

たとえば顧客データを分析し、瞬時に「おすすめ商品」をアップセルしてくる「Ａｍａｚｏｎ」のような企業が、若い世代にとってのライバルとなるのだ。

もちろん、ＡＩの発達も見逃すことはできない。これまで「自分にしかできない」と思っていた仕事は、機械に取って代わられるかもしれないのだ。

顧客に対するアプローチ方法も、営業プロセスも、事務的作業も、すべてはシステムに組み込まれていく。トヨタをはじめとするグローバル企業は、いち早くこうした動きを取り入れており、やがては中小企業にも広く普及することだろう。

さらに、企業の役割も変わってくるだろう。

たとえば「銀行」もその一つだ。銀行の休業日は、土日祝日、年末年始などと法律で定められているが、ネットバンキングの普及によって店舗への来客数が減っているため、今後は平日にも自由に休業日を設定できるよう、金融庁で検討されているという。

テクノロジーの発達は、ビジネスのみならず、生活のあり方も確実に変えるだろう。

「俺はこういうやり方で成功してきた」

そのやり方は、あなたの周りの社員でもすぐにできて、すぐに成果を出せるやり方だろうか。そして、そのやり方は、発達を続けるシステムやＡＩに対抗しうるものだろうか。

# 上司と部下の常識・非常識

## コミュニケーションの形は変わっている

「会社に所属しているのだから、活動時間の大半は会社に捧げるのが当たり前」

こういった考え方も、捨てなければならない「過去の遺産」だろう。

仕事、会社への価値観はガラリと変わった。

極端に言えば、ビジネスパーソンの多くが欲しいものは、お金や地位よりも、自分の時間だ。

もちろん、彼らは、お金なんて必要ない、などとは思っていない。また、会社の業績を上げることが組織としての目標だということも、理解しているだろう。

でも、「それよりも大切なのは自分の時間」という人が、実際に大多数なのだ。

ところが、上司たちは、この事実を認識していないことが多い。就業時間外でも、部下と一緒にいようとしてしまうのだ。


私たち日本人は、〝酒の席〟を利用してコミュニケーションを図り、お互いの考えを知ろうとする傾向が強い。

ビジネスの場においても、上司が部下を連れてお酒を飲みに行くという構図は、今も健在だ。


「『自分の時間が大事』だなんて、仕事に対するモチベーションが低いんだ。よし！飲みに連れて行って、やる気を出させよう」

こう考えて、終業後に若い社員を酒の席に連れ出したとしても、残念ながらそれは、若い社員にとってはただの残業、仕事の延長だ。あるいは罰ゲームの類にしか捉えられないかもしれない。

「酒を飲んで、腹を割って話せば、お互いに理解し合えるだろう」

「仕事中には教えられなかったことを、飲みの席で教えてやろう」

上司としてはそういうつもりでも、その結果、逆効果になってしまうという例もある。


ある保険会社の営業所では、若い世代は「もっと営業所全体で仕事の効率化を図るべきだ。そうすれば個人の時間が増えることになる」と考えていた。

それに対して営業所長は「もっと若い世代に仕事へのモチベーションを高めてもらいたい」と考えていた。

そして所長はある晩、一人の若い社員を飲みに誘い、その席で自分の考える仕事との向き合い方をじっくり語った。

次の日、その若い社員は辞表を提出したという。

「飲みに行って話して、ハッキリわかりましたよ。所長は何も勉強していないんだということが」

それが、言い分だった。

飲みの席では仕方なく「はい！　わかりました！」と言ってはいたが、本心は「もう辞めるしかない」という気持ちだったのだ。

所長としては「そんなバカな！」だろう。

もちろん、部下を飲みに誘うことが全面的に悪いことだとは思っていない。

しかし、「上司が部下を飲みに誘う」という、かつてはごく普通だったコミュニケーションの形が、今は普通のことではない、ということを忘れてはならない。

「就業時間外も仕事の時間」

これも今は通用しないことであり、それを強いると、失敗する可能性もあるのだ。

**こういった認知のゆがみが哀れなのは、上司としてはそれを「部下のために良かれと思って」やっていることだ。**

たとえば年に一度の「社員旅行」。

日頃の社員のがんばりをねぎらうつもりもあるだろうし、社内の親睦を深めるため、ということもあるだろう。いずれにせよ、社員に喜んでもらおうと企画するわけだ。

しかし、とくに若い世代にとっては、「何でわざわざ会社の人間と旅行に行かなきゃいけないんだ」「そんなことする暇があるなら、もっと自分の時間をくれよ」という気持ちになる。

部署の連帯感を高めるために、張り切ってカラオケ大会やスポーツ大会を企画すると、メンバーにとっては「参加しなきゃいけませんか？」「そういうのは友達とやりますから」ということになるかもしれない。

これは悲しい図式だ。

部下を抱える人であれば、「これまではそうだったから」というコミュニケーションの形も、一度捨てなければならない。

また、**「労働者は会社に雇用されているのだから、会社のために時間を提供するのは当たり前だ」**といった経営者目線も、捨てるべきだ。

労働者が会社に提供しているのは、あくまでも「労働力」であり、時間を切り売りしているわけではない。時間を切り売りしていたところで、双方、何のメリットもないのだ。

# 第三章

# 仕事を捨てる

## ――結果につながる行動の見つけ方

# 着目するのは行動である

## 部下の望ましい行動を引き出す

会社に限らず、組織の活動は「人の行動」の積み重ねだ。だから、望ましい行動を取らなければ、組織は動かない。

どんな組織・チームであれ、「各メンバー全員の行動の集合体」が、組織・チームとしての活動となる。各メンバーの行動が、組織としての結果を左右する。

企業でいえば、これはもちろんトップの経営陣から中間管理職、現場で働く人々、契約社員、派遣社員、パートやアルバイトにも当てはまることだ。雇用形態や世代、性別にかかわらず、それぞれが**「結果に結びつく望ましい行動」を繰り返していれば、**

**おのずと企業の結果も望ましいものになる。**

ここでいう企業の「望ましい結果」とは、生産性を高め、残業がなく、若い社員が次世代リーダーとして育ち、会社の成果が挙がることだ。

**したがって、リーダー、マネジャーがフォーカスし、変えるべきものは、部下の「行動」に他ならない。**

そこに個人の性格や人格などの内面は関係ない。

では、人はなぜ行動を繰り返すのだろうか？

人が行動を取るには、まずはその理由となる条件がある。たとえば「傘をさす」という行動の際には、「雨が降っている」というのが条件だ。

ここで人は「傘をさす」という行動を取る。そしてその結果として「雨に濡れない」という望ましいものがあるため、人は雨が降れば傘をさすという行動を繰り返すのだ。

**こうした先行条件↓行動↓結果の一連の流れは、行動科学では「ＡＢＣモデル」と呼ばれ、人間の行動原理とされている。**

A（Antecedent）先行条件……行動を起こすきっかけ。行動する直前の環境
B（Behavior）行動……行為、発言、ふるまい
C（Consequence）結果……行動によってもたらされるもの。行動した直後の環境変化

傘をさすという例に当てはめれば、
A（Antecedent）先行条件……雨が降っている
B（Behavior）行動……傘をさす
C（Consequence）結果……雨に濡れない
となる。

**つまり人は行動の結果が自分にとってメリットのあるものであれば、その行動を繰り返すのだ。**

たとえば、部下の売上げを伸ばしたいリーダーがまず見るべきは、部下の行動である。「何社に営業をかけているか？」「どの企業にアプローチしているか？」「どのよ

うにアプローチしたか？」を分析する。

そのうえで、営業軒数を増やすのか、売り上げ上位順にアプローチし直すのか、直接訪問させるのか、電話営業に切り替えさせるのか、情報をメールで送らせるのか、売り上げアップにつながる具体的な行動を提案し、行動を変えさせなければいけない。

**その結果、売り上げが伸びたのであれば、部下は自ら進んで次の行動を繰り返すようになるだろう。**

リーダー、マネジャーと呼ばれる人には、まずこの行動原理を知っておいていただきたい。

そして、部下に望ましい行動を取らせるための「仕組み」をつくることが必要だ。この仕組みづくりこそが、生産性を高めるマネジメントなのである。

# 行動分析と数値化はリーダーの役目

## 根拠のない指示を出してはいないか？

「もっと成果を出すにはどうしたらいいか？　あらためて自分の行動を振り返ってよく考えてごらん」

こう部下にアドバイスするマネジャーは多いだろう。

しかし、会社組織として業績アップを目指す場合、社員のパフォーマンスの底上げを図ろうとする場合、このアドバイスは好ましいものではない。

**行動を振り返ること、つまり仕事の行動を分析していくのは、リーダーやマネジャーの役目なのだ。**

プレーヤーである部下が、どのような行動で仕事をして、どういう行動を取った場合に成果が出て、ミスを犯しているか。

**客観的な観察・分析して、行動を分解してステップ化する。**

そして、そのときに極めて重要な要素が「数字の裏付け」だ。

たとえば、「業績アップのためには、もっと訪問件数を上げろ！」と檄を飛ばすリーダーやマネジャーもいるだろう。

その際、訪問件数とは具体的に「何件」のことを言っているのか？

それだけの件数を訪問した際に成約に結びつく確率は何パーセントか？

その根拠を実際に計測したものなのか？

というように、数字で裏付けられていることが必要なのだ。

これができていないリーダーやマネジャーは、もしかしたら「(訪問件数を上げて)

もっとがんばれ！」とばかりに、根性論、感情論で人を動かすタイプかもしれない。

これでは「仕事に人をつける」ことを実現させるのは、極めて難しい。

意味のない行動、成果に直接結びつかないような行動を無理矢理繰り返させ、仮にたまたまうまくいった例が出れば、「あいつは積極的に営業したから、うまくいったんだ」と、根拠のない、曖昧な結論づけをしてしまうのだ。


「このくらいは訪問するべきだろう」「自分はこれくらいやっていた」という、何となくの目標を立てられてしまい、それを達成できず、成果も挙げられなかったとしたら、部下としては「挫折経験を与えられた」ことになる。

若い世代の社員なら、無駄なこと、失敗することにはとくに敏感だ。

「じゃあ辞めます」と言われても仕方がないだろう。

「あいつは根性がなかったんだ」

「そもそも営業の仕事に向いていなかったんだ」

そんなことを言っても、あとの祭りだ。会社が生き残るために必要な貴重な人材、底上げして強力な戦力とすべき人材を、みすみす手放してしまったのである。

■次の行動を引き出す「仕組み」

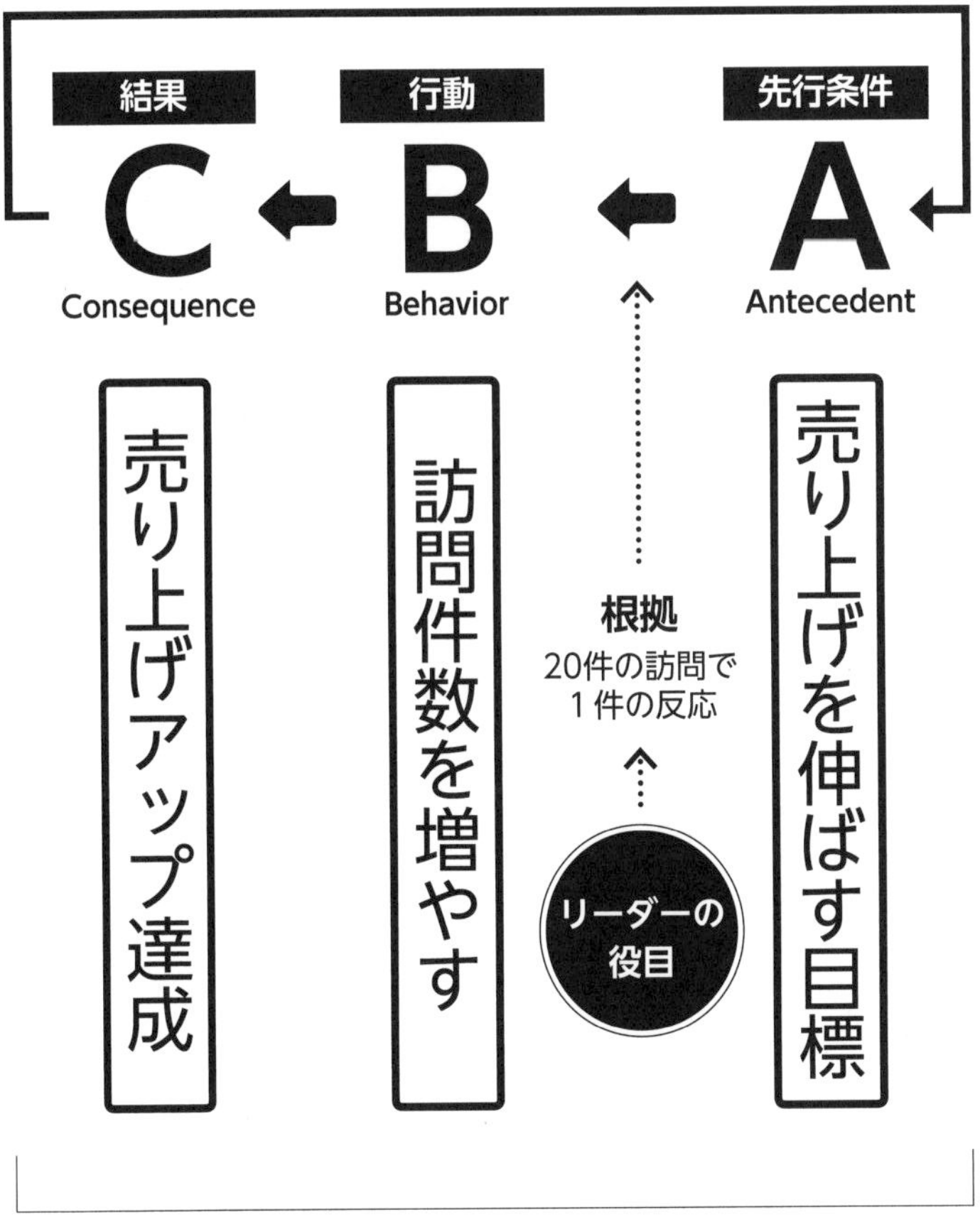

ここで使う行動原理が先ほど話した「ＡＢＣモデル」だ。

たとえばここで「20件の訪問に対して、１件の反応がある」ということが平均値として数字で出されて、それを伝えられていれば、部下もその根拠に従って、淡々と訪問を続けることだろう。少なくとも「無駄な行動を繰り返させられている」などとは考えないはずだ。

これが「仕事に人がついた」状態だ。

**仕事を行動として分析し、それを数字で表すことができていないマネジャーは、実はとても多い。**「もっとがんばれ」などと曖昧な言葉を口にする前に、まずは数字の裏付けを見つけるべきだろう。

# チェックリストは確認・計測のツール

## チェックリストはマニュアルにあらず

次に考えるべきものが、「チェックリスト」の導入だ。

チェックリストが何のために必要かといえば、それはもちろん、仕事の「標準化」のためだ。

**部下に対して、取るべき行動を伝え、行動が取れているかを確認・計測することによって、誰もが同じ行動を取り、同じ成果を得ることができるわけだ。**

相手に伝える行動のレパートリーは、あくまでも具体的なものでなければならない。

「きちんと挨拶をするように」

「この案件は急いで片付けてくれ」

「あのお客様に対しては、もっと積極的なセールスを」

　このような指示には、まるで具体性がない。自分ではきちんと挨拶したつもり、急いでやったつもり、積極的にアプローチしたつもりと、部下は自分なりの解釈で行動するだろう。

「なんでちゃんと挨拶しないんだ！」

　そう叱責したところで、部下は「ちゃんとやったのに……」と思うばかり。無駄な軋轢《あつれき》を生んでしまうことにもなるのだ。

　そのため、行動の「見える化」をする。つまりチェックリストの導入だ。

「いや、ウチには細かいマニュアルがあるから、何をすればいいかはそれでわかるはずなんで」

　そう考える人もいるだろうが、チェックリストとマニュアルは根本的に違う。

**当たり前の話だが、チェックリストはあくまでも「チェックする」ことが目的のツールだ。**仕事のステップとしての行動を示していたとしても、それが本当にできているかの計測がなければ、マニュアルも形骸化してしまうだろう。

チェックリストへのチェックは誰が行なうかといえば、もちろん現場のリーダー、マネジャーたちだ。

ここでいうチェックリストは、部下がピンポイント行動を取れているかをマネジャーが確認・計測するためのものだ。

そしてこの確認・計測という仕事もまた行動である。

であるならば、「チェックする側」のリーダー、マネジャーもまた、さらに上の管理職からのチェックを受けるべきだろう。

「ルールどおりにやっていても結果は出せない」とばかりに、自分の経験則に頼り、地道なチェック作業をおろそかにするリーダー、マネジャーは、意外と多いものなのだ。

ややこしい言い方になってしまうが、自分自身が部下をチェックしたかをチェックし、上司に提出することが望ましい。

また、部下の行動をチェックすることのみを自分の役割と考え、「部下に成果を出させる」という本来の役割を忘れてしまうマネジャーもいる。

しかし、あまりにも細かく行動を観察するため、チェックされる側の部下は終始「監視されている」と思い、嫌気がさす。ここでもまた無駄な軋轢が生まれるのだ。

実はこうした「チェックリスト導入の弊害」は、今、多くの企業で見受けられる。

なぜチェックリスト導入がうまくいかないか？　それはチェックする側＝リーダー、マネジャーへの教育を施す機会が、教育体系として出来上がっていないからだろう。

**そもそもリーダー、マネジャーがやるべき具体的な仕事がはっきり決められておらず、その仕事をするためにはどのような具体的な行動を取ればいいかが伝えられていない。**

そこに「じゃあ、これからチェックリストを使ってみよう」となったところで、部分的な業務の改善はできたとしても、会社全体の標準化、パフォーマンスの底上げは難しいだろう。

「チェックリストは、会社全体の教育体系があってこその仕組み」だということを覚えておいていただきたい。

# 結果につながるピンポイント行動

## 「明確な指示」に必要な言語化する能力

マネジャーが仕事の行動を分析する際に、最も着目すべきことはなにか？　それは「どういう行動を取った場合に成果が出ているか」に他ならない。

成果が出ない行動、成果に直接結びつかない行動をいくら積み重ねても、ビジネスは成り立たない。マネジメントの目的は、あくまでも「成果を出すこと」なのだ。

**成果に直接結びつく行動のことを、「ピンポイント行動」という。**

たとえば営業職の場合、「いつも良い成績を挙げている営業マン」の行動を分析してみると、そこには必ず、成果につながる「望ましい行動」があるはずだ。「営業」と一括りにしている仕事も、アポ取りから始まって、「提案書づくり」「顧客訪問」「顧客との面談」等、さまざまな要素がある。

さらにその一つひとつの要素での行動を分析していけば、そこには成績の良い営業マン独自の、他の営業マンとは違う行動が見つかるはずだ。

たとえば「アポイント取りの際に商談先のチェックリストを作成していた」「顧客訪問の際には必ず次回訪問のアポイントを取り付けていた」「競合他社の情報を調査し、話題としていた」など……。

この「チェックリスト作成」、「次回訪問のアポイント取り」や「競合他社の調査」という行動が、彼の営業成績につながっているのだとすれば、それが営業の「ピンポイント行動」になる。

そして現場マネジャーとしては、このピンポイント行動をすべての営業マンに伝え、実践させればいいのだ。

**端的にいえば、これが「仕組み」のひとつである。**

「ならば、その『成績の良い営業マン』がみんなに自分の行動を伝えて指導すればいいじゃないか」

と考える人もいるだろう。

「わざわざマネジャーが行動を分析し、ピンポイント行動を見つけ出さなくても、成果を出し続けている人間は自分ができる理由をよくわかっているはずだ」

ところが、そうとは限らないのだ。

黙っていても成果を出すハイパフォーマーほど、自分の行動を分析したりはしていないものだ。

彼らの行動は、あくまでも無意識のもの、いわゆる「暗黙知《あんもくち》」であることが多い。

「どうしてあなたはそんなに優秀な営業成績なんですか？」

トップ営業マンにそう聞いてみても、

「いや、自分ではフツーにやっているだけのつもりなんですけどね」

「別に他の人と比べて特別なことをやっているわけではありません」

と、いたって無自覚なのだ。

そのような人がマネジャーとして「部下に成果を出させる」立場になったら……。

## ■仕事の行動分析

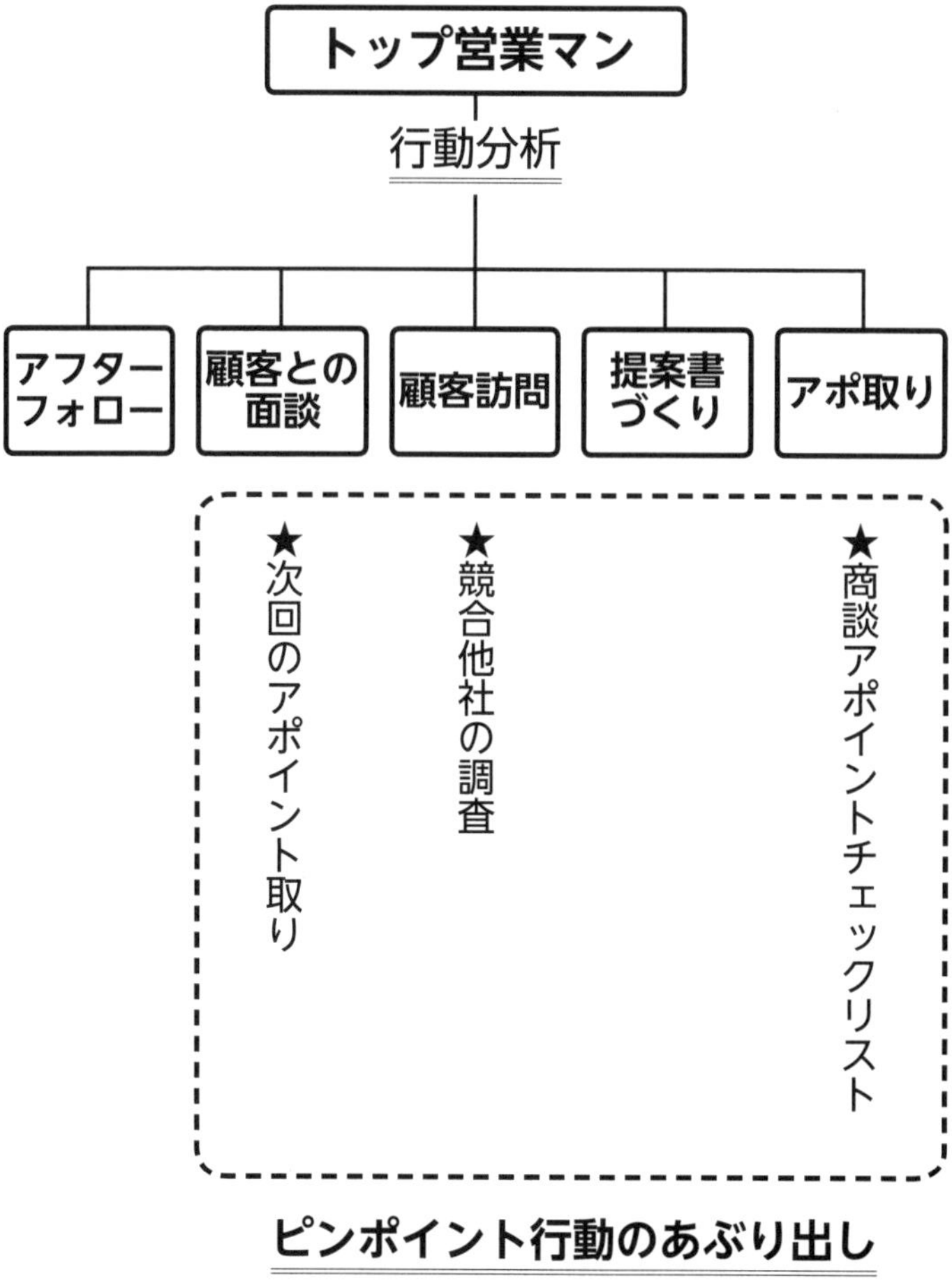
トップ営業マン
行動分析
アフターフォロー
顧客との面談
顧客訪問
提案書づくり
アポ取り
★次回のアポイント取り
★競合他社の調査
★商談アポイントチェックリスト
ピンポイント行動のあぶり出し

「なぜできないんだ？」

と憤慨するばかりで、部下に適切な指示＝「どのようなピンポイント行動を取ればいいのか」を伝えることはできないだろう。

**暗黙知で成果を出し続ける人材に不足しているのは、「言語化能力」だ。**

「しっかり、やる」

「フツーにやっている」

「気合いを入れてがんばる」

これらの言葉は、具体性を持ってはいない。

「しっかりやる」とは、何を、どのように、どのくらいやるのか？

「フツーに」とは、どの程度のことを指すのか？

「気合い」「がんばる」は、数字として示せるのか？

これらがまるで明確になっていないと、指示をされた相手は、何をどうすればいいかわからず困ってしまうだろう。

また、「行動の積み重ねを重視する」ということを誤解している上司もいる。

「とにかく行動あるのみ」

「行動さえすれば、必ずうまくいく」

「成果が出ないということは、まだまだ行動が足りないんだ」

と、やみくもな行動量を強いるのだ。

「1日に最低でも200本、1本でも多くの営業電話をかけろ！」

「とにかく大量の名刺を集めてこい！」

「一日に20件以上の飛び込み（営業）は当たり前だ！」

などと、まさに「数打てば、当たる」の理論を押しつけてくる。

しかし、おわかりのように、ここでいうピンポイント行動とは、あくまでも成果に結びつく行動のことである。

成果に結びつかない行動をいくら増やしたところで、何の意味もない。「生産性アップ」「残業ゼロ」とは真逆の方向に突き進んでいるようなものだ。

**「マネジャーの資質として大切なものは何か？」**

と問われれば、私は真っ先に**「言語化する能力」**と答えるだろう。

先のトップ営業マンの例でいえば、「〇〇のホームページで競合他社である××社の前月の売り上げデータを調べ、自社商品と比較し、安価で提案する」くらいの具体的な指示ができなければならない。

「もっと競合他社を調査しろ」と伝えたところで、これは具体的な指示ではないし、ピンポイント行動にもなり得ないわけだ。

極端にいえば、優秀な成績を挙げているプレーヤーで、その人が言語化能力の低い暗黙知型の人であれば、何も企業の古い体質に合わせて「ゆくゆくは管理職に」などと考えるべきではないだろう。

天才プレーヤーとして成果を出し続けていたほうが、会社のため、本人のためともいえる。

これは人事権を持つ会社のトップには、ぜひ頭に入れておいていただきたい。

# 具体性がなければ部下は動けない

**行動できる部下にする**

**●成果を出している人間の行動を分析し、数値目標をつける。**

**↓**

**●成果に直接結びつく行動＝「ピンポイント行動」を見つける。**

**↓**

**●それを具体的な言葉にして明確に伝える。**

これが、「その他大勢」の8割を底上げして「成果の出せる人材」にする仕組みの基本構造だ。

このときのキーワードとなるのが、行動科学マネジメントが最も重視する「具体性」だ。

たとえば「成果を出す」という言葉は、実はマネジメントの現場での指示としては、具体的ではない。

「みんな、今月はしっかりと成果を出すようにがんばってくれ」

「自分の仕事に集中するように」

こんな言葉を使った朝礼はよくあるだろうが、ここにはまるで具体性がない。

「しっかりと」とは、どんな行動なのか？

「成果を出す」とは、どんな数字を上げることなのか？

「がんばる」とは、何をもってがんばったといえるのか？

意地悪なようだが、これが伝えられていない限り、行動にフォーカスすることにはならないのだ。

そう、なぜ具体性が大切かといえば、部下に「どんな行動を取ればいいのか」を指示できるからだ。

言い換えれば、部下に対する指示とは、行動を指示する、ということになる。

行動科学マネジメントには「ＭＯＲＳの法則（具体性の法則）」という定義がある。

**Measured（計測できる）**
**Observable（観察できる）**
**Reliable（信頼できる）**
**Specific（明確化されている）**

この４つの要素がそろって、初めて「行動」といえるのだ。

これを簡単に言い換えると、

**「どのくらいやっているかを数えられる（計測できる）」**

**「誰が見ても、どんな行動かわかる（観察できる）」**
**「誰が見ても、同じ行動だということがわかる（信頼できる）」**
**「誰が見ても、何を、どうしているかが明確（明確化されている）」**

ということになる。そして、これらの条件がそろわなければ、正確には行動とは呼べないのだ。

「しっかり挨拶をしろ」
「じっくり時間をかけてやれ」
「自分の行動を振り返れ」

ビジネスの現場で日常的に上司が部下に使うこれらの言葉が、実は具体的なものではない、ということがよくわかるだろう。

たとえば「しっかり挨拶」を具体的な行動として伝える場合、

■挨拶の行動分解

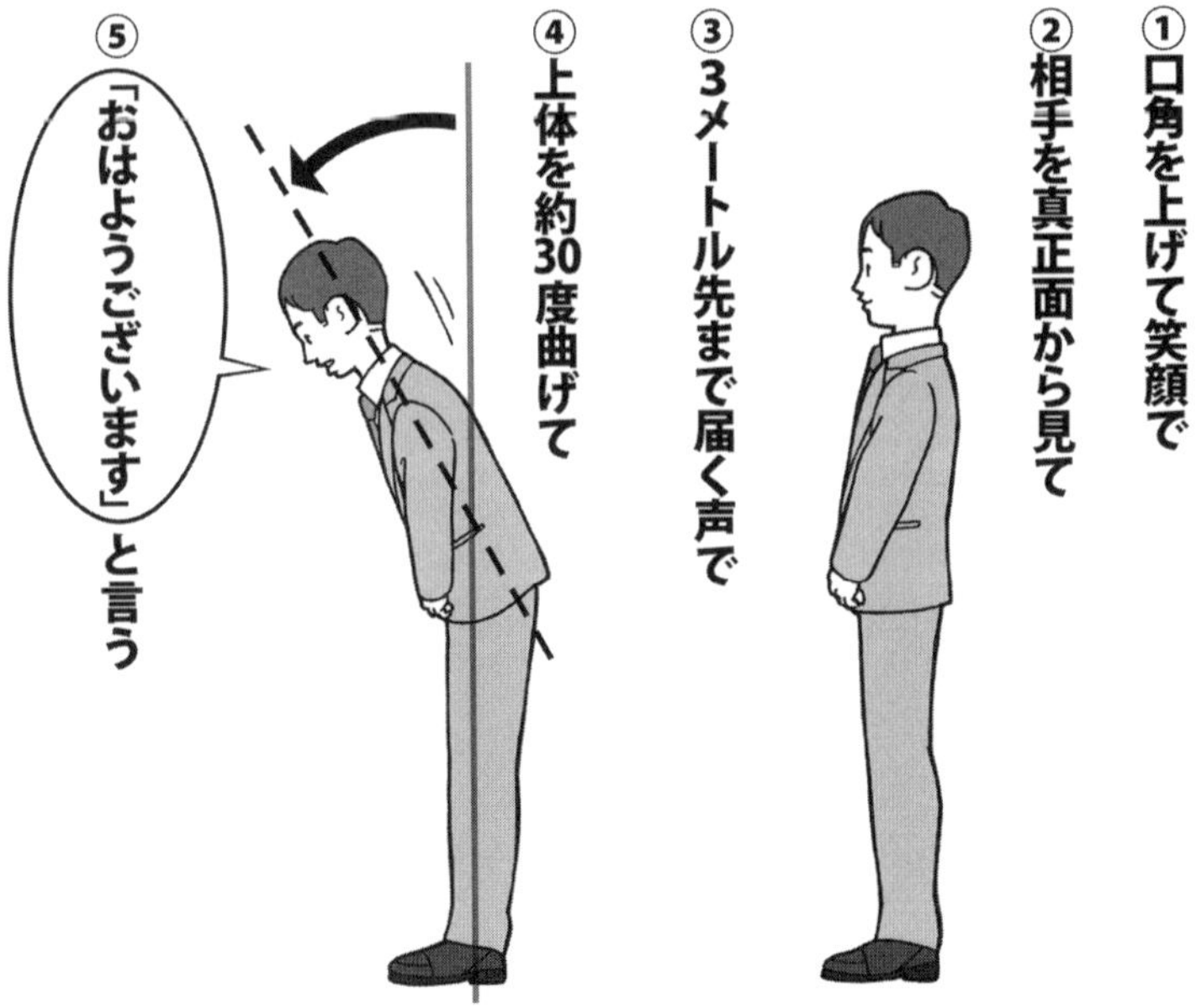
①口角を上げて笑顔で
②相手を真正面から見て
③3メートル先まで届く声で
④上体を約30度曲げて
⑤「おはようございます」と言う

●口角を上げて笑顔で
●相手を真正面から見て
●3メートル先まで届く声で
●会釈をしながら
●「おはようございます」と言う

といったところまで行動を細かく分解しなければならない。

もうおわかりだろうが、このように具体性のある行動の指示であれば、どんな世代であろうが、どんな国の人であろうが、やるべきことは明確に伝わる。

こうした**「いつ、誰が、どこでやっても同じように成果が出る」、つまり再現性の高い仕組みが不可欠なのだ。**

「無印良品」の業績を伸ばした原動力として話題となったおよそ2000ページに及ぶ店舗用マニュアル「MUJIGRAM」と本部業務用マニュアル「業務基準書」などは、こうした仕組みづくりの好例といえるだろう。

すべての規模の会社に1から10までが詳細に記されたマニュアルが必要というわけではない。しかし、具体性のない指示では決して人は動けないということだけは、覚えておくべきだろう。

# 無駄な会議に時間を奪われる

## 会議で決めることは明確になっているか

成果を出す社員の行動を分析し、ピンポイント行動を見つけ、具体的な言葉にできれば、組織を構成するメンバー各人の「やること」が明確になる。

この仕組みが出来上がっていなければ、たとえば会社の業績が悪化し、これまでのやり方も通用しなくなった際、どんな行動を取ればいいのか誰もわからない。

その結果、増えるものといえば、無駄な会議だ。

「売り上げをアップさせるためのアイデアはないのか？」

「2課はとくに業績が下がってるけど、これはどういうことだ？」

「やるべきことは何か？　考えよう！」

会議を招集した部長がそうやって檄を飛ばすだけの会議。

集められた参加者は、どうしていいかもわからない。

**会議が、「みんなで考えましょうタイム」になってしまっているのだ。**

部長が声を荒げ、参加者はシュンとして下を向いているだけ。

「○○君、何かあるか？」

と発言を促されても、考えている最中なのだから、言えることはない。

「積極的に発言しない者は出て行ってくれ！」

そう言われても、何を発言していいのかもわからないのだ。

このような会議は、規模の大小を問わず、多くの企業で行なわれているだろう。

**目的、決定すべき事案が具体的になっていない会議は、思い切って減らす、あるいは廃止するほうがいいだろう。**

たとえば米国の大手企業・インテル社は、「明確な目的がない会議は開催することはできない」というルールが設けられているという。

日本の企業もこの流れに逆らうことはできないだろう。

実績の報告だけであるのならば、口頭で行なう必要はない。メーリングリストでデータを送って、上からのコメントを求めればいいだけだし、何かを決定するにしても、わざわざ集まることにはあまり意味がないだろう。


**「無駄な会議」の悪しき点は、それがループしてしまうことにもある。**

たとえば各支店から本店に集められた支店長たちが、会議でトップから「もっと売り上げを上げるように！」と怒られる。

するとその後、支店長たちはそれぞれの支店に戻り、部課長会議でマネジャーに対して同じことを言う、「もっと売り上げを上げるように」と。

さらにマネジャーは、現場のプレーヤーを集めた部内会議で「もっと売り上げを上げるように」……。

**このように、何の具体性もなく、行動の指示もない伝言ゲームが蔓延してしまうのだ。**

**○良い会議の例**

・情報を事前にメール共有
・決定事項を決める
・各現場からの意見を出し合う
・リーダーが吸い上げて具体化

**×無駄な会議の例**

・議題があいまい
・檄を飛ばすだけ
・考えましょうタイムになっている

多くの会社がこのような「無駄な会議」を行なっているのと同時に、多くのマネジャーたちがこの「無駄」について気づいている。

だから「会議の改革をしたいんです」「ウチの会社の何が非生産的かといえば、それは無駄な会議です」という声はいくつも寄せられる。

まずやるべきは、会社にとってその会議は本当に必要なものなのかを考えることからはじめたほうがいいだろう。

# カギを握るタスクの仕分け

## 物事を進める優先順位を明確にする

会議と同様に、業績が悪化している会社やうまく回らないチームによく見られるのが、仕事の優先順位のチグハグさだ。

本当に大事な仕事が見えていないと、いつも目の前にある仕事に追われているだけで、生産性が上がらない。

そして、チームには停滞感、個人には疲弊感だけが残る。そうならないためにも、身の回りのタスクから整理していく必要がある。

タスクは大きく分けて4つに分類される。

●重要だが緊急ではない仕事
●重要かつ緊急の仕事
●重要ではないが緊急の仕事
●重要ではなく緊急でもない仕事

**この中でチームの生産性向上の成否を分けるのは、「重要だが緊急ではない仕事」を、いかに日々こなすことができるかにかかっている。**

たとえば、いつ舞い込んでくるか予測不能のクレーム対応やトラブル、事務処理、目の前に迫ってくる締め切り直前のタスクは、「重要かつ緊急の仕事」「重要ではないが緊急の仕事」に分類される。

最低限の人員で業務を遂行している中小企業では特に、多くのビジネスパーソンは、これらを日々こなすだけで精一杯になっているだろう。

■タスクの仕分け

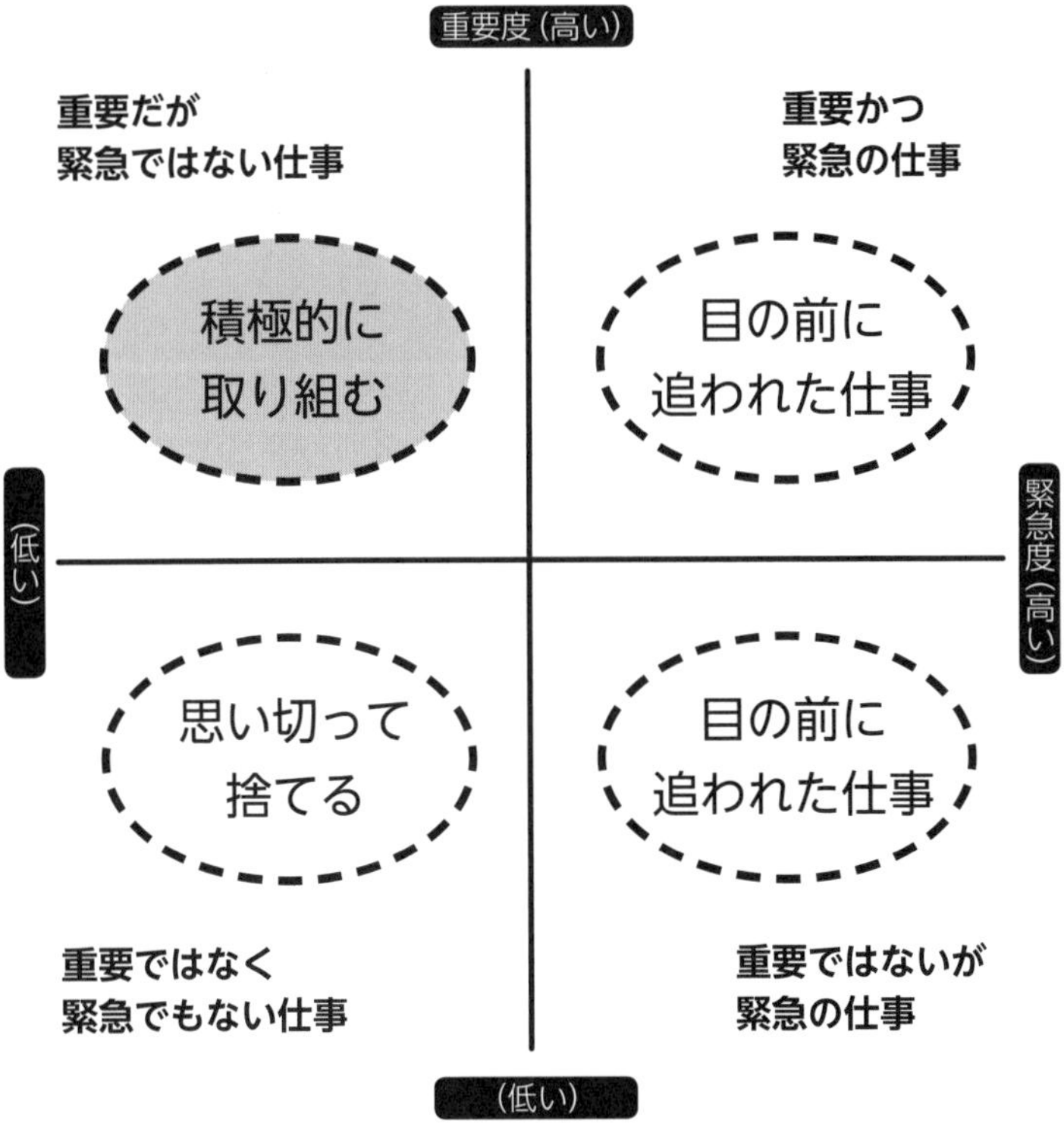
重要度（高い）
重要だが
緊急ではない仕事
重要かつ
緊急の仕事
積極的に
取り組む
目の前に
追われた仕事
（低い）
緊急度（高い）
思い切って
捨てる
目の前に
追われた仕事
重要ではなく
緊急でもない仕事
重要ではないが
緊急の仕事
（低い）

しかし、目の前のことにだけ追われているようでは、現状を打破するのは難しい。「重要だが緊急ではない仕事」に積極的に取り組んでいく姿勢が重要だ。

売り上げアップのための長期プラン、マニュアル作成、業務棚卸、生産性向上のための仕組みづくりなど、必ずしも毎日やる必要がなくても、長期的な視点で俯瞰してみれば、どれも重要な案件ばかり。

日次、週次、月次で自分や部下の**業務を洗い出し、それぞれのタスクをマトリックス上に振り分けてみると、重要度と緊急性が可視化されやすい。**

「重要かつ緊急の仕事」「重要ではないが緊急の仕事」ばかりに追われている組織は、必ず先細りしていく。

一日5分、週や月に1回でもいい、自分や部下の業務を振り返り、「重要だが緊急ではない仕事」をどれくらいできたか、反対に「重要かつ緊急の仕事」「重要ではないが緊急の仕事」の作業時間をどれだけ短縮できたか、なくすことができたかを確認してみてはどうだろうか。

# 第四章

## 人を育てない

——「仕組み」で人を動かす

# スローガンを翻訳する能力

## 「社長の言葉」を行動に落とし込む

成長の見込みがない、じり貧が予想される会社からは、若い人材がどんどん離れていくだろう。

では、会社の成長のための方向性を定め、理念のもとにアイデアを生み出し、計画を立てるのは誰か？

それは会社のトップ＝社長に他ならない。

**会社の最大の決定権者は社長であり、また、最大の評価者も社長だ。**社員一人ひとりの給料が上がるも下がるも社長次第。**5年後、10年後も会社が生き残っているか、**

**あるいは消滅してしまうかという命運も、社長が握っている。**


私は研修やセミナーでさまざまな企業の社長さんたちに接している。

彼らの多くは、時代に敏感で、今後の日本のビジネス界が抱える問題をよく理解していて、立派な企業理念を持ち、アイデアも豊富な人たちだ。

顧客や社員の幸せを心から考え、会社の成長のために必要な努力を日々惜しまない。ならば、そんな社長の会社は社員が辞めることもなく、すべてがうまくいっているかといえば、それほど単純な話ではない。

理念や計画、つまり社長の思いが全社員・スタッフに浸透しない、伝わらないということが、多くの社長たちの抱える悩みだ。


なぜ伝わらないのか？

社長が社内に対して発するメッセージがどうしても抽象的な言葉になってしまうからだ。

それは社長が「言語化」が苦手だからではなく、組織の構造的な問題なので、仕方がないことでもある。
会社組織はさまざまな役職の人々で構成されている。経営陣、リーダーやマネジャー、新人、ベテラン社員、さらにはパートやアルバイト、派遣社員……。多種多様な人材がさまざまな部署でいろいろな仕事をし、「会社の業績アップ」という目標に向かっている。

ある程度の規模の会社であれば、社長は、それらの多種多様な人材に対して、一人ひとり個別に声をかけることはできない。だから、誰でも通用する抽象的な言葉を使わざるを得ないのだ。

「お客様第一主義でいこう」
「地域社会に貢献できる企業であれ」
「社員一人ひとりの成長が会社の成長につながる」

こうした抽象的なスローガンを発したところで、社員は自分が何をやればいいのか？　どう行動すればいいのかはわからない。

「売上目標＝前年比○％アップ」
「生産性を高めて残業ゼロへ！」

このような目標もまた、具体的に聞こえるかもしれないが、やはり抽象的だ。

**社長が発する抽象的なスローガン、目標には、社員一人ひとりが何をすればいいかを明確にする「翻訳作業」が必要だ。**

では、誰が翻訳作業をするのか？

**それは中間管理職である、リーダーやマネジャーという、現場で働く社員と直《じか》に接する上司の役割である。**

上司が部下に伝えるのは、社長の言葉を翻訳した具体的なもの、つまり「社員が実行すべき行動」なのだ。「言語化能力に長けたマネジャーが優れたマネジャー」とは、まさにこのことでもある。

「そんな優れたリーダーやマネジャーはなかなかいるものではない」

そう嘆くトップもいるかもしれない。

しかし、「優秀な人材」に頼っていては、何度もいうように属人的な仕事の仕方から脱することはできない。

社長の言葉からより具体的な行動、数値目標化できる要素を引き出す。そして、部下には、それらの要素をさらに細かく分解して具体的な行動として示し、現場の声を吸い上げる作業も同時にしなければならない。そこには、個人の能力に頼らない「仕組み」が必要なのだ。

## ■翻訳して伝える

売り上げアップ目標
○翻訳した具体的な行動
×スピーカー指示はNG
経営者
リーダーマネージャー
現場
（フィードバック）
（フィードバック）

# カリスマに頼らないチームづくり

## あなたの会社に「教育体系」はあるか？

「優秀な人材の能力に頼らなくても業績が上がるシステム」

極端に言ってしまうと、これが本書が目指す「仕組みづくり」だ。

もちろん、プレーヤーにしろマネジャーにしろ、優秀な人材が見つかり、彼らが活躍するのなら、それはそれでいいだろう。

しかし、そもそもどんどん人口が減少していくこれからの時代に、優秀な人材など簡単にリクルーティングできるものではない。

また、優秀な人材に依存しきってしまうという属人的な組織の図式は、極めて危険なものだ。

優秀な人材が会社に忠誠心を持っているとは限らないし、才能豊かな人材なら他社への転職という道もあるだろう。

日本は起業家が育ちにくい国と言われてきたが、事業所新設の目安となる開業率が25年ぶりの高さになったり、ベンチャー企業の資金調達額が5年前に比べ3倍以上に増えたりするなど、起業や独立を考える人も増加している。

5年先、10年先にも優秀な人材が会社にいるとは限らない。

そこで、優秀な人材に頼らないですむ仕組みづくりが必要になる。

「仕組み」といっても、それは一言で表せるものではない。

まず必要なのが「教育体系」だ。

**ここでいう「教育体系」とは、社員の成長に合わせ、その都度身につけるべき知識やスキルを与えることだ。**

たとえば「新入社員1年目」「2年目」「3年目」「中間管理職期間」「課長期間」と、社員のそれぞれの立場で「研修」「テスト」「ロールプレイング実習」などを実施する。簡単に言ってしまえば、昇格のたびに研修をし、テストをする仕組みをつくることだ。

こうした教育体系は、中小企業ではまったく実施していないところが圧倒的に多いだろう。

また大企業でも、新入社員のときには研修に力を入れるものの、あとは先輩とのOJT（オンザジョブトレーニング）、あるいは「本人の努力」に任せてしまうという、属人化に結びつくだけの研修システムしかないところが多い。

つまり、「教育体系」を持っていないのだ。

社員への「教育」という言葉の解釈も、さまざまだ。

企業の人事担当者と話していると、「ウチにもそういうシステムはあります」と主張する人がいる。

その内容はといえば、名刺の出し方や言葉遣いといった、新人研修の域を脱しない「ビジネスマナー教育」を全社で繰り返してみたり、「何かビジネスのヒントになればと、社外セミナーに参加させたり、外部から講師を招いた講演を催したりといったものである場合が多い。

あるいはスポーツ大会などで社員の連帯感を深めようとすることも「社員教育の一環である」とするケースもある。

ところが、ビジネスマナーやビジネスのヒント、あるいは社員の連帯感を身につけようとも、それで会社の業績がアップするわけではない。

**会社が育成しなければならない人材とは、**「社会常識のある人」や「幅広い知識と発想を持つ人」「他者との連携がうまくとれる人」ではなく、**「会社の業績を上げる人材」**だ。

**何をやれば会社の業績アップに貢献することができるかを知っていて、やり方を習得していて、実際に行動する人材こそが、会社が育成すべき人材である。**

**これは役職や部署部門の区別は関係なく、社長以下全社員に当てはまることだ。**

だからこそ、各社員の立場に合った教育を、体系立てて構築しなければならない。それぞれの立場に必要な知識とスキルを習得させ、習得具合を確認（テスト）し、実際に行動できているかを計測する。「教育体系」とは、その一連のプログラムのことをいうのだ。

この「会社の業績を上げる人材」をつくる仕組みがなければ、どうすればいいか？そう、「優秀な人材」を見つけてきて、その人に頼るしかない。「カリスマの登場」に期待するしかないのだ。

# 求められる「観察」「分析」の視点

## ハイパフォーマーに「やり方」を聞くな！

チェックリストのチェック項目は、成果に直接結びつく行動、すなわち「ピンポイント行動」を中心に構成する。

仕事で成果を出しているハイパフォーマーは、自分では意識していなかったにせよ、必ずこの「ピンポイント行動」を取っているからこそ、成果が出せるわけだ。

このハイパフォーマーの「ピンポイント行動」を見つけ出し、誰でもできるように行動を分解し示す＝チェックリストに加えることが、リーダー、マネジャーの重要な仕事となる。

ハイパフォーマーのピンポイント行動を見つけ出す際には、コツがある。

それは、「(ハイパフォーマーに)答えを聞かない」ということだ。

**リーダー、マネジャーはハイパフォーマーの業務をつぶさに観察し、分析し、数値(結果)と結びつける作業が必要だ。**

ときには外回りに同行する、内勤であれば、一日の業務を出社から退社までもれなく見ているくらいの観察も必要だ。

私の会社が企業にコンサルティングとして入る場合は、まずはこの観察、さらには面談なども行ない、仮説を立て、検証を繰り返す。一般的にも、とにかく観察と分析は必ず行なっていただきたい。

ハイパフォーマーの中には、自分が仕事で成果を出すための秘訣=ピンポイント行動を認識している人もいる。

「まずコレをやって、次にアレをやって、そうするとこうなるから……」と、行動の分解もできている。

## ■現場リーダー・マネジャーの役目

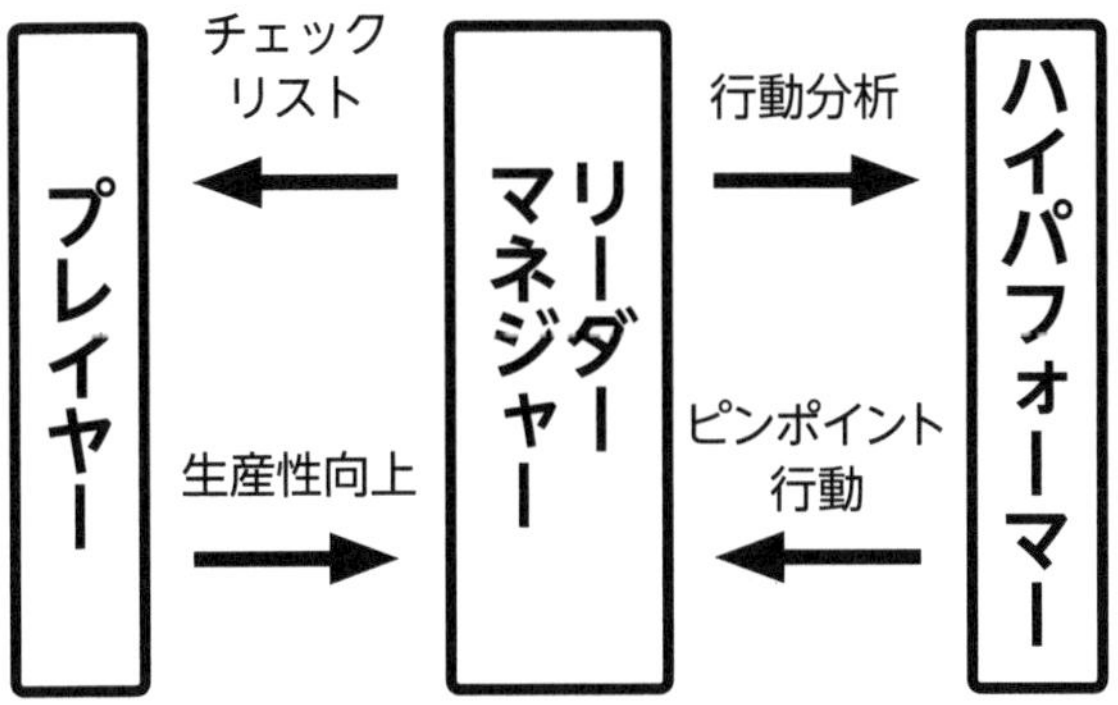


しかし、そのような人は、自分の「手の内」を明かさないことが多い。

自分のやり方を伝えて、他者も自分と同じように成果を出されてはつまらない、という思いもあるだろうし、また、「仕事とは、自分の頭で考えてこそ本当に身につくものなのだ」という信念を持っている場合もある。

私の経験からみると、モノづくりの部門や同じ職種一本でやってきている職人は、特にこの傾向が強いと感じる。

だから、第三者による観察と分析が必要なのだ。

ハイパフォーマーのピンポイント行動を見つけ出し、具体的な行動として「その他大勢」に示す。つまりチェックリストの項目を作成するのは、リーダー、マネジャーの重要な仕事だ。

ところが、「チェックリストやマニュアルは上から与えられるもの」と考えている現場のリーダー、マネジャーが実際には大勢いる。

そうではなくて、マニュアル、チェックリストとは、現場から生まれるものなのだ。**現場でハイパフォーマーやプレーヤーと一番接しているはずのリーダー、マネジャーが観察、分析を行なわない限り、真のピンポイント行動は見つからない。**

これまでのように「経験さえあればリーダー、マネジャーとしてやっていける」という考えは、企業全体としてあらためなくてはならない。

リーダー、マネジャーも、スキルを磨き続けなければならないのだ。

# 部下を避けてはいないか

## 「仕組み」に従って行動する

「じゃあ○○君、来月からマネジャーをやってくれ」

上司からそう言われて、いきなりマネジャー職＝「部下に成果を出させること」が仕事になる。大変なことだろう。

これが「プレイングマネジャー」としてやっていかなければならないという場合であれば、自分のプレーヤーとしての仕事もこなさなければならないのだから、苦労はなおさらだ。

教育体系が仕組みとして用意されている会社であれば、ここでマネジャーとして何をやればいいかを教えられることになる。

ところが、教育体系の仕組みがない会社では、部下とどう接すればいいかもわからないまま、マネジャーの仕事をはじめなければならない。


マネジャー職を任命された際に、あらためて書籍などを読んでマネジメントの勉強をする人はまだ前向きだ。しかし現実的には**多くの新人マネジャーがどうするかといえば、自分が上司から受けてきた指導をそのまま部下にやってしまうわけだ。**

挙げ句に会社を辞められてしまったならば、マネジャーとして「失格」と見なされてしまう。そもそも会社に教育体系の仕組みがなかったことが原因だったとしても、だ。


部下にどのように伝えていいかわからず、経験値や感覚に頼ったマネジメントしかレパートリーのない新任マネジャーは、やがては部下を叱責するだけ、「もっとやる気を出せ！」と曖昧な言葉で脅すだけ、といった方法で部下と接するようになる。

さらには、「自分のことは自分で考えて行動するのが当たり前」といって、部下との接触を極力避けるようになる。

これは私がさまざまな企業を見ていて、実に何度も発見するパターン。「部下とのコミュニケーションを避ける」マネジャーが今、非常に増えている。

しかし、部下とのコミュニケーションは、リーダー、マネジャーにとって必ずやらなければならない「最重要事項」ともいえる。


誤解していただきたくないのだが、部下とのコミュニケーションは、やみくもに行なえばいいというものではない。

若い世代は「自分の時間」を大切にする傾向が強い。退社後に酒の席に誘ったり、休日に呼び出したりなどは、若い部下は望んではいないだろう。


では何を望んでいるか？

「若い連中はとにかく自分の時間が欲しいんだろう」

そうやって、すべての若い部下を、みんなが同じ価値観を持っていると捉えるのも間違いだ。世代としての傾向は当然あるにしても、人は十人十色、一人ひとりの価値観というものは必ずある。

**マネジャーにとっては、部下の「一人ひとりの価値観」を知ることが、部下とコミュニケーションをとる目的だ。**

「人は行動の結果が自分にとってメリットのあるものであれば、その行動を繰り返す」という話をした。

行動科学マネジメントに当てはめると、この場合の行動とは「成果に直接結びつく行動」すなわちピンポイント行動のことだ。

そして行動のメリットとは、行動を取るための「動機付け」のことである。簡単に言ってしまえば、行動を取ったことへの「ごほうび」だ。

望ましい行動を取ると、ごほうびが待っている。だからごほうびのために行動を繰り返すという一連の流れを、行動科学では「リインフォース（行動強化）」と呼んでいる。

ちなみに行動科学マネジメントでは、相手がピンポイント行動を取った際に、すぐにその行動を取ったことを認知して称賛するのも、有効な動機付けであると考えられている（専門的には「即時強化」と呼ばれている）。

よくいわれる「相手をほめる」タイプのマネジメントの本質は、「動機付け」をすることなのだ。

一番わかりやすい動機付けは、「昇給」＝お金だろう。

ピンポイント行動を取って成果を出したら、昇給という「ごほうび」がある。だからピンポイント行動を繰り返すという図式だ。

しかし、動機付けは、部下一人ひとりの価値観によってさまざまだ。ある者はお金を望んでいるかもしれないが、別のある者は「自分の時間」かもしれない。

「自分の時間」がごほうびとなる部下に対して、「成果を出せば昇給があるぞ」と励ましたところで、何の動機付けにもならないのだ。

かといって、「彼はベテラン社員だから、何よりも昇給が動機付けだろう」「若い彼女は自分の時間が欲しいだろうから、早く退社できることをごほうびにすればいい」などと単純に決めることはできない。

ではどうすればいいか？

当たり前のことだが、まずは部下一人ひとりが何を望んでいるか。何が動機付けになるかを知るべきなのだ。そのためには、日常的に部下とコミュニケーションを取っていなければならない。

**マネジャーの仕事は、相手の価値観を知らなければ、務まるものではない。**

しかしそのためには、何も自分が「話のわかる人間」になる必要はない。仕組みに従って行動すればいいのだ。

# 小さな声かけで大きなチーム改革

## 1日1回のヒアリングの「仕組み」

「マネジャーにとって、部下とのコミュニケーションは必須」

ここで「コミュニケーション」という言葉に、必要以上に構えてしまう人もいるだろう。

たしかにコミュニケーション、人間関係の問題は、いつの時代も大きなテーマである。

「仕事を辞めたい理由」のアンケートでも、「職場の人間関係」は、常に上位にランキングされるものだ。

しかし、行動科学マネジメントでの「部下とのコミュニケーション」の取り方は、何も大げさなものではないし、あまり余計な感情を持ち込まないほうがいい。

なぜなら、相手のことを「好き」だとか「嫌い」だとかは関係ないし、また相手から好かれる必要もない。「相手と仲良くなる」必要はないからだ。

**どのようにコミュニケーションを取ればいいかといえば、まずは「毎日声をかける」だけだ。**

「相手が何を望んでいるか？」ということ。

つまり相手の価値観を知り、動機付けを見つけるためには、さらに週一回、月一回のヒアリング（面談）の機会を設ける必要があるが、コミュニケーションのファーストステップは、とにかく一言、声をかけることだ。

とはいっても、「おはよう」「お疲れ様」などの挨拶とは少し違う。

「どうだ？　調子は」

「うまくいっているか？」

## ■ポジティブな声かけキーワード集

- ○○さん、いつもありがとう
- ○○さん、助かりました
- ○○さんのおかげで、うまくいきました
- ○○さん、そのアイデアいいです
- ○○さん、うまく進んでいますね
- ○○さん、よく考えましたね
- ○○さん、○○がすごくよかったです
- ○○さん、良い結果が出ていますね
- ○○さん、期待しています
- ○○さんの言う通りですね

などと質問調の言葉にして、**相手が「今、何に困っているか？」を聞き出すのだ。**

**つまり、ここでいう声かけとは、ごく簡単な形のヒアリングだ。**

「どうだ？　調子は」と声をかけて、相手が「いや、なかなか（仕事が）進まなくて」などと答えたら、「何が障害になっている？」というように、具体的に深掘りしていく。そうすることによって、相手へのアドバイスを的確に与えることができるのだ。

もちろん、アドバイスはあくまでも「具体的な言葉」を使わなければいけない。

「そうか、じゃあもう少しじっくりやってみろよ」

「とりあえず、がんばってみてくれ」

といった曖昧な言葉では、部下は動けない。

たとえばヒアリングによって部下が「調べ物が見つからなくて困っている」ということがわかったとしたら、どのようなアドバイスが具体的だといえるだろう？

「もっと徹底的に調べてみろ」などは、論外だ。

「ホームページを見てみろ」はどうだろうか？

これでもまだ具体的ではない。

## ■ネガティブな返答キーワード集

- 何度も言いましたよね
- なんで、できないの？
- そんなこと、誰でもできるよ
- 何で覚えられないの？
- もう少し早くやってよ
- 人の話、聞いてます？
- それくらい考えてください
- 少しは自分で調べてよ
- どうしたら、できるようになるの？
- 責任持ってやれよ

「○○○のホームページの×××が書いてあるデータの数字を見てみろ」

ここまで細かく指定してこそ、具体的なアドバイスとなるのだ。

仮に自分にはわからない、的確にアドバイスできない内容だったら、より詳しい他の社員を交えて具体的なアドバイスとなる方法を引き出してもいいだろう。


「それは部下を甘やかせるだけ。少しは自分で考えさせるべきだ」

という意見もあるかもしれないが、相手が困っていることに対するアドバイスの目的は、相手に「困っていることをできるようになってもらうため」のものだ。だから、「具体的なやり方」を教えるのは、至極当然のこと。「自分で考えろ」では、仕事の標準化などできはしないだろう。


この声かけのヒアリングに費やす時間は、1回に1分でもいい。業務時間内で十分なのではじめてほしい。

決して難しいことではないはずだ。

## ■あいまいな表現キーワード集

- ○○を意識してください
- 売り上げの数字を確認してください
- 主体的に仕事を進めてください
- 努力して目標達成しよう
- 相手の立場で考えなさい
- お客様の気持ちになればわかる
- クライアントの希望に臨機応変に対応しよう
- 自分で判断できることを増やしていく
- 顧客には丁寧に接するべきだ
- 企画書の提出を迅速にしてください

# 望ましい行動を認めるだけ

## 「ほめる」ことを仕組み化する

「声かけ」の際には、相手を「ほめる」ことも必要となる。

もちろん、やみくもに相手をほめて、「やる気を引き出す」といった相手の内面にアプローチする、精神論的な話ではない。

**なぜほめることが必要か？　それは「ほめられた」ことが、相手にとっての動機付けになるからだ。**

ほめる対象はあくまでも相手の「行動」。「いい成績を挙げた」ことをほめるのではなく、成果に結びつく行動そのものを評価しなければならない。

たとえば「得意先とのミーティングの後には、必ずフォローアップの電話をする」ということを積み重ねさせたい場合には、あくまでも「フォローアップの電話をした」という行動を評価し、ほめるのだ。

「君はいいやつだなぁ」

「最近、やる気があるじゃないか」

などといった相手の内面に対する称賛をするのではない。

「望ましい行動を取った」という事実を認めてあげるだけでも、十分に効果的だ。「フォローアップの電話」の例でいえば、「電話したね」と事実を伝えるだけで「行動をほめる」ということになる。一歩踏み込んで「きめ細やかな対応だ」と具体的に伝えれば、さらに良い。

**リーダー、マネジャーは普段から相手の行動を観察していることが重要だ。そして、日常的な声かけとして、行動を称賛するのだ。**

「ほめる際には、どんな言葉が有効ですか？」

という質問も、よくある。

行動科学マネジメントでは、「この言葉を使いましょう」という明確な指標はない。

**あくまでもほめるべきは「行動」である。**必須条件はこの一点のみ。

ただし、ちょっとした傾向はある。

**若い世代に対しては、「達成」にフォーカスすることが有効である場合が多い。**

相手が克服できない行動を克服できたとき、たとえば電話応対が苦手な部下が、上手に応対した際に「できたじゃないか」と行動を認めるだけで、相手は達成感を味わうことができる。

また、年配の社員に対しては、「おかげで助かりました」と感謝を述べるのが、有効なほめ言葉といえるかもしれない。

もちろんこれらの言葉がすべての社員に対して有効とは限らないが、実践してみる価値はあるだろう。

ディズニーリゾートでは、マネジャーが部下であるキャストの優れた行動を称える際に手渡しする「Ｇｏｏｄ　Ｊｏｂカード」や、キャスト同士がお互いの良いところをほめ、多くの人から投票された人は表彰される「スピリット・アワード」など、「ほめる仕組み」が多く存在するという。

しかし、「ほめる」ことの効果がわかっていても、なかなか実行できないリーダー、マネジャーが多いものだ。

「自分はそんなガラじゃないから」
「急にほめるのも空々しいようで」

〝照れ〟があるのだろうが、これもまた仕組みとして認識したほうがいいだろう。

それでも人をほめることに抵抗があるのなら、ほめること自体も「仕組み」の一部としてしまうこともできる。

# 生産性を求める人のマネジメント

## 働き手がいない時代の人材育成

「成果を出す」という意味においてわかりやすいので、これまで主に営業職を例に取ってお話をしてきた。

では、技術職やクリエイティブ、間接部門などの職種は、仕組みに則ったマネジメントは合わないのだろうか？

実は、こういった職種にこそ、仕組みは最適だ。

何より、技術職などの「職人的」仕事をする人は、多くの場合、人材育成、マネジメントが苦手だ。

たとえば営業職であれば、職業柄、人との関わり自体は慣れているだろう。また、善し悪しは別として、先輩から「いいか、仕事というのは……」と教えられた機会も多いもの。

しかし、職人的な仕事をする人には、人との関わり、連帯感とは無縁で仕事をしてきた人が少なくない。それこそ「自分磨き」に徹し、「仕事は盗んで覚える」という職人の世界だ。

そうやって育ってきた人が、人口減少で働き手がいない時代に人を育てるのは、大変なことだろう。

実際に反発も多くある。

「この忙しいときに、なんで人の面倒を見なきゃならないんだ？」

「もっと自分でモノをつくりたいのに、なぜ別の仕事をしなきゃならないんだ？」

と、リーダー、マネジャーに任命された技術職は、最初は不満タラタラだ。

ところが、実際にそのような人に行動科学マネジメントの「仕組みづくり」を伝えると、すんなり受け入れてくれることが多い。

なぜか？

**「仕組み」を取り入れることが、合理的で理にかなっているからだ。**

だから、モノづくりにおいて生産性を求める職人には、最適なマネジメントなのだ。

実は、営業職におけるリーダー、マネジャーは「目標管理シート」や「面談シート」などのツールはなかなか使いこなすことができない。小難しいシステムよりも、行動科学マネジメントでいえば「声かけ」や「具体的な行動を伝える」ということに執着していく傾向がある。

しかし、技術職の〝職人リーダー、マネジャー〟は、ツールを使うことに躊躇がない。やり方さえつかめば、後は仕組みとして回すようになるはずだ。

# 第五章

# 「仕組み」でチームが変わる

## ——求められる「新しいリーダー」のあり方

# 「人材」と「仕組み」でチームは変わる

## 新たな突破口を創出し続ける

人口減少時代のこれからの日本において、若い世代をいかに「辞めさせず」に、次世代リーダーとして育てていくか。

これが今、すべての企業に課せられた最大の課題だ、とこれまで述べてきた。

「仕組みの導入」
「生産性アップ」
「残業ゼロ」

これらすべての施策も、とにかく若い世代を辞めさせないためにある、と考えてもいいだろう。

40代以降のリーダー、マネジャーには、まずは「時代は変わった」ということを再度しっかりと認識していただきたい。

「俺たちの時代は（若手の頃は）、こんなんじゃなかった」

「俺はこうして（社会人として）育ってきた」

と考え、自分の教えられたやり方を部下に押しつけることが、一番のタブーになるのだ。


すべてが間違っていたのかといえば、決してそんなことはない。

いや、むしろかつてのビジネスでは、徹底したOJT（オンザジョブトレーニング）で「上司、先輩の背中を見て」仕事を覚えるやり方が有効だったともいえる。

なぜか？

それは単純に、マーケット自体が拡大していたからに他ならない。

ビジネスは「質より量」「数打てば当たる」時代だったのだ。だから、売上を伸ばすためには、とにかく数を打つ。

とにかく多くの顧客と接触することに時間を費やせばよかった。見込客は、日本全国にふんだんに存在していたのだ。

見込客にアプローチするためには、「仕組み」をつくることよりも「実践」あるのみだった。歯を食いしばって仕事をしていれば、何とかモノは売れた。つまりは「仕事へのモチベーション」といった精神論が重視されたのだ。

しかし現在の日本はといえば、マーケットは縮小し、また若い働き手も減っている。「数打てば当たる」では、成果を出し続けることは難しいだろう。

では、日本の各企業は、この状況を前に、ただ何もせずに衰退していくだけなのか？

いや、そんなことはない。もちろん、打つ手はある。ビジネス環境が変化し、今後も続いていくことが確定されているならば、その変化に対応するのだ。

端的に言えば、変化への対応とは、「新しいことをはじめる」ということだ。

もちろん資金の問題はある。しかし資金はどの企業にも無尽蔵にあるわけではない。会社の限られた資金でできる変化への対応を考えるのだ。

新規事業を立ち上げる、新サービスを開始させる、新店を出店する、インターネットを中心としたビジネスにシフトする、あるいは「新しいマーケット」、つまりは「グローバル化」を目指して海外へ進出する、などなど。

突破口は「新たな展開」にしかない。

**では、「新しいビジネスに打って出る」際に必要なものは何か？**

**決して欠かせないものが、「人材」だ。**

新規事業や新サービスのアイデアを出し、進行していくのも「人」、新店で働くのも「人」、ネットを駆使するのも「人」、新しいサービスや商品をつくるのも、売るのも「人」だ。

**「人材」なくしては、会社は成り立たない。**

そこで問題になるのが、

「誰がやるのか？」

ということだ。

仮に現在のトップが、新しいアイデアを生み出したとしても、具体的にそれを商品化し、販売し、あるいは海外展開をする人材はいるのか？

そう、「新たな展開」を牽引する、次世代リーダーが求められるのだ。


そして次に必要になる要素が、「仕組み」だ。

次世代リーダーを育てる教育体系、新しいマーケットに合った、標準化された仕事の仕方。

これらを仕組み化して、効率的にビジネスを展開していくことが、あらゆる企業に求められている。

次世代リーダーの候補である若い世代を辞めさせず、リーダーに育て上げるのは、現在のリーダー、マネジャーの仕事だ。


ＡＩ（人工知能）の普及は、今、急速に進んでいる。将来、ＡＩがさらに発達し、さまざまな仕事において人間にとって代わるといわれている。

私自身、アメリカなど海外のビジネス現場を見ていると、この流れは当然のことと思える。しかし、そのＡＩを導入するのも、使いこなしていくのも、やはりそれは「人間」だ。

今現在、企業がやるべきことは、その「人間」を育成すること。

次世代リーダーをつくることに他ならない。

そして、本書を手に取っていただいた読者の方は、今の会社を牽引するリーダーであり、新たな展開を生み出す次世代リーダーでもあるだろう。少なくとも所属する組織からはそのように期待されているはずだ。

# 身につけるべきは「続ける技術」

## 行動を起こしやすい「仕組み」をつくる

四章で紹介した「言語化能力」の他に、もうひとつ、リーダーやマネジャーが身につけておくべき能力がある。

**それは「セルフマネジメント力」だ。**

私たちが行なっている〝リーダー育成〟の研修でも、ベーシックのプログラムとして、行動科学に基づいたセルフマネジメントのやり方を教えることにしている。

なぜ、リーダー、マネジャーにセルフマネジメント力が必要なのか？

それは、「自分の勉強（インプット）のための時間をつくるため」に他ならない。リーダー、マネジャーはやらなければならないことがいっぱいだ。そんな日々の中で、自分の時間を確保し、新たに身につけるべき習慣、スキルや知識を〝挫折することなく〟身につけられるようになるためには、セルフマネジメント力が必要不可欠だ。

行動科学に基づいたセルフマネジメントは、決して自身の「内面」へのアプローチではない。だから「モチベーションを高めよう」だとか「目標意識を強く持とう」などには注力しなくていい。

**着目するのは、あくまでも自分の「行動」だ。**

ではここで、行動科学マネジメントのセルフマネジメントの基本概念ともいえる「続ける技術」を、簡単に解説しよう。

この行動原理は、行動科学マネジメントの基本として、もちろん部下へのマネジメントにも使えるものなので、ぜひ覚えておいていただきたい。

行動科学の観点で見れば、「人が物事を身につけられない」「できない」理由は、次の2つだけだ。

**●「やり方」を知らない（からできない）**

**●「やり方」は知っていても、「継続の仕方」を知らない（からできない）**

「やり方」とは、知識や理論のことだ。

この「やり方」を知ることは、比較的容易だ。正しいやり方を調べるなり、人から聞くなりすればいいのだ。

**問題は2つめの「継続の仕方」だ。正しい「やり方」を知っていても、それを継続できなければ意味がない。**

英語の効果的な勉強法を知っていても、具体的な行動計画を立てたとしても、それを続けることができなければ、英語は身につかない。

では、人が物事を継続できない理由は何か？

85ページで紹介した「ＡＢＣモデル」で説明できる。

「人は、行動の結果が自分にとってメリットのあるものであれば、その行動を繰り返す」

逆にいえば、行動の結果にメリットがなかったり、あるいはデメリットを感じるようであれば、人は行動を繰り返さないのだ。

これが、物事が継続できないメカニズムだ。

では、どうすれば行動を繰り返す（継続する）ようになるかといえば、行動の結果を「メリットのあるもの」にすればいい。「動機付け」で行動を強化（リインフォース）するのだ。

簡単にいってしまえば、自分に対する「ごほうび」を設定するわけだ。行動の結果に対しての動機付けを工夫することが、継続のコツの一つといえる。

ここで「英語を勉強した結果のメリットといえば『英語の会得』や『資格の獲得』だろう」と、勉強の目的そのものをメリットと考える人もいるだろうが、残念ながら、それは「行動を繰り返す」ためのメリットにするには、時間がかかりすぎる。

一回の行動ごとに、動機付けを設定していかなければならないのだ。


継続の仕方には、さらに2つのコツがある。

それは「行動に補助をつける」ことと、「行動のハードルを下げる」ことだ。

**「行動に補助をつける」とは、行動を後押しするような工夫のことだ。**

英会話の学習であれば、「自分に合った、楽しい英会話学校（を選ぶ）」「自宅での勉強の際に使うデスクや椅子を、快適で気に入ったものにする」「心地いいBGMを流す」「気に入ったカフェで勉強する」などの工夫だ。

このように、行動そのものを「楽しい」「快適だ」と感じるようにコントロールするのである。


**「行動のハードルを下げる」とは、簡単にいえば、行動を「取りやすくする」ということだ。**

英語の勉強で例えるなら、「英会話学校への通いやすさ」や「常に教材を持ち歩き、

■継続の仕組み

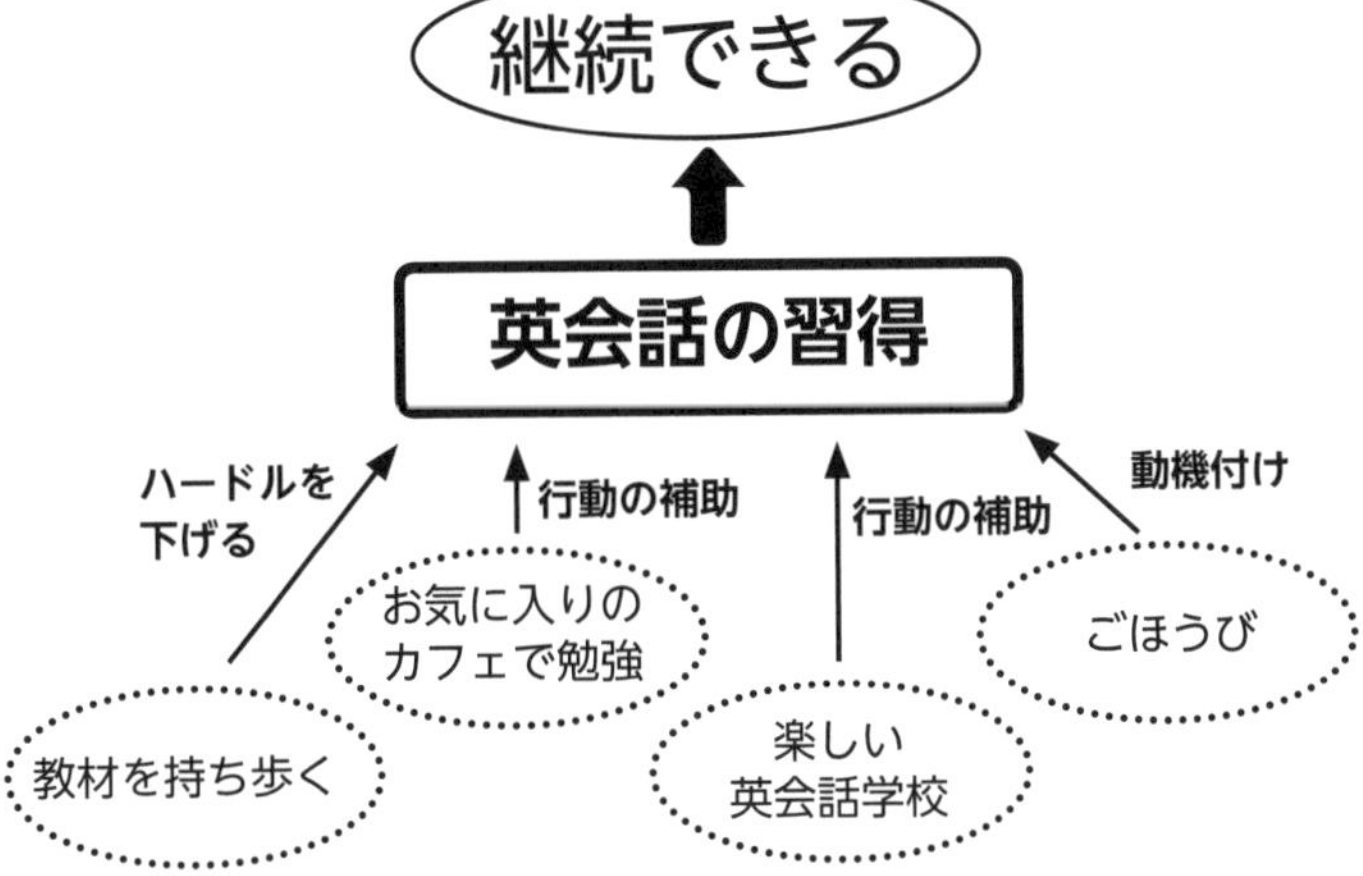


いつでもどこでも勉強できる」環境にすることは、行動のハードルを下げる大きな要因となるだろう。

**このように、行動の障壁となるものを取り除き、すぐに行動できるように工夫することが、「ハードルを下げる」ことである。**

- 動機付け
- 行動の補助
- 行動のハードルを下げる

この3つが、行動科学マネジメントの「続ける技術」の基本だ。

リーダー、マネジャーにはぜひ身につけて、効果を実感してもらいたい技術だが、まずここで知っておいてほしいのは、セルフマネジメントも、このように「仕組み」をつくることが成功の秘訣である、ということだ。

強い精神力や高いモチベーションで物事を継続させることは必要ない。行動に着目して、行動を起こしやすい仕組みをつくる。ビジネスにおけるマネジメントも、まったく同様だ。

## ■継続できる人がやっている３分間セルフチェック

| 1.todo リストの進捗確認 |
|---|
| ●今日の todo リスト確認 |
| |
| ●今週の todo リスト確認 |
| |
| ●今月の todo リスト確認 |
| |
| 2.緊急ではないが重要な仕事のタスク管理 |
| |
| 3.本日のよいことは？ |
| |
| 4.部下への声かけは？ |
| |
| 5.困っている・不安に思っている・相談事 |
| |

# 上司と部下の信頼関係のつくり方

## 「部下の話を聞く耳を持つ職場」をつくる

「信頼関係のある環境」をつくるためにリーダー、マネジャーが行なうことは、部下との「コミュニケーション」を取ることに尽きる。

コミュニケーションの目的は、「部下一人ひとりの価値観を知る」ことだ。だから、決して部下と〝仲良しになる〟必要はない。

「毎日（部下に）声をかける」

これだけのことが、立派なコミュニケーションになるのだ。

とはいえ、毎日の声かけも漠然と行なっているだけでは、やがてやらなくなってしまうだろう。「声をかけるくらいなら簡単だ」と思っていても、実際には忙しさに振り回されて〝それどころではない〟となってしまう可能性が高い。

だから、「声かけ」「ヒアリング」も、仕組みとして取り入れるべきなのだ。行動科学マネジメントで推奨している「ヒアリング」のやり方は、次のとおりだ。

**●毎日数回の「声かけ」。場所や時刻は問わない。声かけ→ヒアリング→アドバイスの時間は1分以内**

**●週1回の「個人面談」。社内で個別に。週の後半に、一人につき5分でも可。**

**●月1回の「個人面談」。社内で個別に。月末に、一人につき10分でも可。**

基本的に、すべてヒアリングすべき点は「今、困っていることは何か？」だ。

個人面談ではさらに、一週間、一カ月の「振り返り」も聞く。

まずは、この3種類のヒアリングを仕組みとして取り入れ、実践してみることをおすすめする。決して難しいことではないはずだ。

**ヒアリングの仕組みが確立されている職場は、すなわちリーダー、マネジャーが「部下の話を聞く耳を持っている」職場だ。**

ヒアリングで相手を知り、価値観にあった動機付けを与え、能力や仕事の進捗に合ったアドバイスを与えられると、あなたと部下との「信頼関係」につながる。ぜひ、実践していただきたい。

# 優先順位より劣後順位を決める

## 本当に必要なことかもう一度見つめ直す

働き方改革推進の中で、今、多くの企業が「残業ゼロ」を目指している。

しかし、実現できている企業はほとんどないはずだ。

仮に「じゃあ、明日からウチも残業ゼロだ！」「会社に残ってはダメだぞ。全員定時で帰るように」といって強引に残業ゼロを実施したら、多くの会社は崩壊するだろう。

残業ありきで売り上げを出してきた会社が、何の仕組みもなしに残業ゼロを実施しても、それはただ単に「以前よりも働かないようにしよう」ということでしかない。

企業の目的は「売り上げを上げること」。この大前提を無視して残業ゼロを推し進めれば、当然売上は激減するだろう。


仕組みとは、「売り上げを上げるための仕組み」のことだ。

ハイパフォーマー以外の「その他大勢」が、ハイパフォーマー同様に成果を出せるような仕組みができていないのであれば、いきなりの残業ゼロは、暴挙でしかない。


残業ゼロを目指すのであれば、仕組みづくりは絶対条件だ。

そして、仕組みをつくるにあたってまず見直さなければならないことがある。

それは、社内の「無駄なもの」だ。


「無駄なもの」として真っ先に挙げられるのが、「無駄な会議」だろう。

目的が明確でなく、何を決定するでもない「ただ集まるだけ」の会議を実施し続けている企業は、たくさんある。

ちなみに私の知っている業績を伸ばしている会社では、「定例会議で集まる」ということ自体やめにした。

なぜならば、集まって、顔を合わせることが成果に結びつくわけではないからだ。年に数回、全社で集まる機会はあるが、基本的には人が集まる会議は存在しない。ただし、「電話会議」は月1回実施しているようだ。また、朝礼、夕礼も電話だ。

この朝礼、夕礼が、その会社にとっての「ヒアリング」に当たる。

朝礼で「今日は○○をする」という報告を受け、アドバイスを与え、夕礼で結果の報告を受ける。そこでまたアドバイスだ。

この会社は社員数が多くはなく、研修や営業など外出しての仕事がほとんどなので、これで十分なのだ。わざわざオフィスに集まる必要はない。その会社の社長は、オフィスにはほとんど行く必要がないそうだ。

会議にしろ、朝礼、夕礼にしろ、目的は物事を「改善」することにある。仕事のやり方、仕組み、システムやルール……さまざまな改善のために、人の話を聞き、自分の意見を述べるのが目的だ。

何のためにさまざまな改善を試みなければならないかといえば、もちろん「売り上げを上げるため」だ。

そして、実際に会社の売り上げをつくっているのは誰かといえば、それは「現場で働く人たち」である。

だから、会議には「現場の声」がなければ意味がない。**現場で困っていること、現場から出たアイデアをトップが吸い上げて、改善された仕組みをつくる。それが理想的な会議のあり方なのだ。**

また、社内に存在する数々の「書類」も、無駄なものの代表だ。

業務日報、報告書、稟議書、企画書、提案書……。これらの書類は、売り上げを上げるために本当に必要だろうか？

「提案書を書いて、上司に提出して、会議で決定する」

ただ単に、ルールとして書類が存在するだけではないだろうか？

部下から提出される書類で、上司が本当に知りたいことは何か？

それは、集約すれば各種の「数字」になる。

業務日報であれば、今日一日の売上数字、訪問件数など。企画書や報告書であれば、売り上げ見込や予算などだ。

しかし実際には、書類にはさまざまことを書かなければならない。一日の行動をつぶさに記入したり、「企画意図」や「マーケットの現状」を書き入れるなど、「書類として立派な体《てい》にするため」に、時間をかけて書類を作成しなければならない。

これもまた「無駄なこと」だ。残業ゼロにはほど遠い作業だろう。

無駄な会議や書類……。これらはすべて「惰性」で行なっているものだ。

「今までそうしてきたから……」と、古いやり方を踏襲することが、残業ゼロ、生産性アップのブレーキになっている。

行動科学マネジメントでは、「優先順位」よりも「劣後順位」を決めることを重視する。

まずはやらなくていいことをリストとして挙げていき、最後にどうしてもやるべき重要な仕事を2～3つに絞り、それ以外の仕事はすべてやらない。これが劣後順位の考え方だ。

## ■劣後順位

| やらないことリストの例 |
| --- |
| □ 出社してすぐのメールチェック |
| □ 業務日報の作成 |
| □ 稟議書の作成 |
| □ 企画書・提案書の作成 |
| □ |
| □ |

優先順位は、結局はリストアップした仕事のすべてが「重要なもの」になってしまう。後はそれらをこなす順番を決めるだけであり、やらなくてはいけないということには変わりない。

やらなくていいことは、やらない。それを決めて職場で周知徹底させることも、リーダーの重要な仕事だ。

# チームがよみがえる最高の働き方

## 現場でできることはリーダーが実行する

「しかし、仕組みを導入するのは、トップの判断次第だ。だからどうしようもない」

そう嘆くリーダー、マネジャーもいるかもしれない。

しかし、そんなことはない。

大がかりな制度の改変や人事に関わることは、もちろん企業のトップが決めることではあるが、トップが現場のリーダー、マネジャーにまず求めることは、「とにかく結果を出してくれ」ということだろう。

言い換えれば、「部下に結果を出させてくれ」というものだ。

ここで、「いや、ウチには仕組みがないので、それはできません」とは言っていられない。

部下に結果を出させられないリーダーは、すなわち「結果を出せないリーダー、マネジャー」ということになる。

だから、自分の裁量で何とかするしかないのだ。

本書でこれまでに話してきたことは、現場のリーダー、マネジャーが「会社ぐるみでなく」できることがほとんどだ。

会社のトップから**そう言われたならば、リーダー、マネジャーは、現場に自分で仕組みをつくって、回していけばいい。**

**「結果を出せ！」**

現場のリーダーには、その権利と力があるはずだ。使わない手はないだろう。

権利と力がある一方で、次世代リーダーを育てていく重大な責任を負っているということでもある。

「部下に結果を出させる」＝人材育成に徹するだけではなく、「結果」＝業績のアップも求められるのだから、さらに大変だろう。

しかし、これまでお話してきた**仕組みづくりは、結果的には次世代リーダーの育成と業績アップ、その2つを同時に達成させるためのもの**である、ということを覚えておいていただきたい。

「人材育成」という言葉を、「(部下を)一人前の社会人に育て上げる」と大げさに解釈するリーダー、マネジャーも少なくない。

しかし、これは現場リーダー、マネジャーの仕事ではない。

会社は「人間教育」の場でないのだ。部下が仕事を通じて社会人として一人前になる、立派な人物になるというのは、あくまでも結果論であり(もちろんそれは素晴らしいことであるが)、目的ではない。

つまり、リーダー、マネジャーが育成すべき人材とは、「会社で成果を出す人材」だ。

部下に好かれること、尊敬されることは、もちろんリーダー、マネジャーにとって喜ばしいことだ。しかし、たとえ好かれていようが、部下が仕事で成果を出せないままならば、本末転倒だ。

マネジメントの目的を、もう一度肝に銘じよう。

■現場主体の「仕組み」づくり

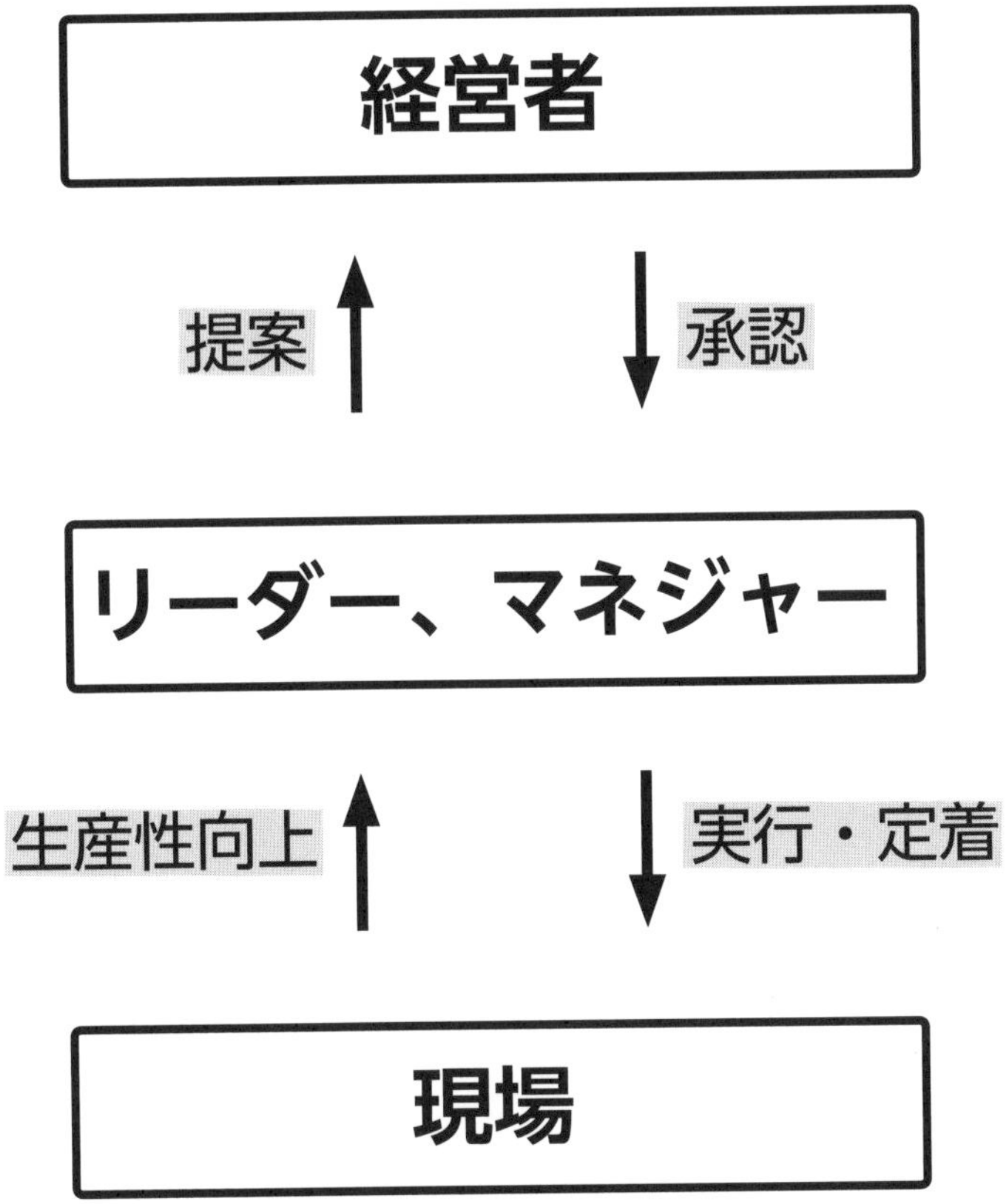

おわりに

# 行動の変化は少しずつでいい

**「スモールゴール」を繰り返して、大きな目標を達成する**

**●いくら努力しても売り上げは伸びない**
**●一生懸命部下を鼓舞しても、真剣に仕事に向き合わない**
**●閉塞感やあきらめムードが漂い、社内の雰囲気が良くない**

もし今、あなたの会社がこのような状態であるとしても、仕組みが動き出せば、会社は大きく変わるだろう。

1日1回の声かけ、無駄な会議や書類の廃止、行動の観察と分析……「仕組みづくり」といっても、大げさな作業ではない。ちょっとした行動の変化だけで、組織・チームは間違いなく変化するのだ。

しかも、行動の変化は「ちょっとずつ」でいい。

**「スモールゴール」と呼ばれる小さな目標を一つずつクリアしていき、最終的に大きな目標＝「ラストゴール」にたどり着くのが、新しいことをはじめる際のコツだ。**

これは専門的には「系統的脱感作法」と呼ばれる、れっきとした科学的手法なのだ。

たとえば無駄な会議の廃止も、一気にすべてを変えるのではなく、ちょっとずつ。週1回だった会議を隔週にし、さらには月1回にしてみる。そうして段階的に変化させていけばいいのだ。

今ではサハラ砂漠や南極、アマゾンのジャングルでのマラソンにまで参加するようになり、周りからはすっかり「マラソンの人」というイメージが定着してしまった私だが、実際にランニングをはじめた数年前は、最初にトレーナーから指示された目標は「週に2回、30分歩く」という、極めて小さなものだった。

そこから時間、距離を「ちょっとずつ」伸ばし、ハーフマラソン、フルマラソンを完走し、さらにウルトラマラソンにまで挑戦していった。まさに「ちょっとしたこと」を「ちょっとずつ」やることで、大きなゴールにたどり着いたのだ。

ビジネスを行なっていく上では、3年後、5年後のことを考えて手を打つことは当然のことである。さらに言えば、10年、30年先もビジョンとして構想に入れておくべきだ。

近年、技術革新もＡＩやＩｏＴを中心に猛スピードで発展し、そのスピードたるや、我々の予想をはるかに上回るスピードである。

一説には技術革新によって、２０３０年までに現在ある仕事の50％は消滅するとまで言われている。

この大きな変化を深刻に受け止めているビジネスパーソンが果たしてどれだけいるだろうか。

このような状況の中で何の手も打たず、手をこまねいているだけではあなたのビジネスは間違いなく先細っていくだろう。

**こんな厳しい時代だからこそ、何か手を打っていかなければいけないはずだ。**

本書を手に取っていただいているあなたも、まずは「ちょっとした」行動の変化に取りかかっていただきたい。その小さな変化が小さな達成感を生み、さらに次の変化へと背中を押すだろう。

そして気づいたときには、あなたのチーム・組織全体が変化しているはずだ。

２０１８年１月吉日

石田　淳

石田 淳（いしだ・じゅん）
株式会社ウィルPMインターナショナル代表取締役社長兼最高経営責任者・社団法人組織行動セーフティマネジメント協会代表理事・アメリカの行動分析学会ABAI会員・日本行動分析学会会員・日本ペンクラブ会員・日経BP主催『課長塾』講師。米国のビジネス界で大きな成果を上げる行動分析を基にしたマネジメント手法を日本人に適したものに独自の手法でアレンジし、「行動科学マネジメント」として確立。その実績が認められ、日本で初めて組織行動の安全保持を目的として設立された社団法人組織行動セーフティマネジメント協会代表理事に就任。グローバル時代に必須のリスクマネジメントやコンプライアンスにも有効な手法と注目され、講演・セミナーなどを精力的に行なう。趣味はトライアスロンとマラソン。2012年4月にはサハラ砂漠250kmマラソン、2013年11月に南極100kmマラソン＆南極トライアスロン、2017年10月アタカマ砂漠マラソンに挑戦し、いずれも完走を果たす。
主な著書に『短期間で組織が変わる 行動科学マネジメント』（ダイヤモンド社）、『行動科学を使ってできる人が育つ！教える技術』（かんき出版）、『課長の技術 部下育成バイブル』（日経BP社）、『「生産性」をあげる技術』（宝島社）などがある。
【株式会社ウィルPMインターナショナル】https://www.will-pm.jp/
【石田淳オフィシャルホームページ】http://jun-ishida.com/
【Facebook】https://www.facebook.com/will.ishida.jun
【Twitter】@Ishida_Jun
【Instagram】@jun_ishida

最高《さいこう》のチームに変《か》わる「仕組《しく》み」のつくり方《かた》
行動科学的《こうどうかがくてき》リーダーシップ

2018年 1月28日　初版第1刷発行
2023年10月30日　初版第2刷発行

著　者　石田《いしだ》　淳《じゅん》

発行者　岩野裕一

発行所　株式会社実業之日本社
〒107-0062　東京都港区南青山6-6-22 emergence 2
［編集部］03（6809）0452　［販売部］03（6809）0495
https://www.j-n.co.jp/

印　刷　大日本印刷株式会社

製本所　大日本印刷株式会社


ISBN978-4-408-33762-3（第一）